汽车电工
入门到精通
全/图/解

于海东　主编

·北京·

图书在版编目（CIP）数据

汽车电工入门到精通全图解／于海东主编．—北京：化学工业出版社，2018.5
ISBN 978-7-122-31855-8

Ⅰ.①汽⋯ Ⅱ.①于⋯ Ⅲ.①汽车-电工技术-图解 Ⅳ.①U463.6-64

中国版本图书馆 CIP 数据核字（2018）第 061732 号

责任编辑：周　红　　　　　　　文字编辑：张燕文
责任校对：宋　玮　　　　　　　装帧设计：王晓宇

出版发行：化学工业出版社（北京市东城区青年湖南街 13 号　邮政编码 100011）
印　　刷：北京京华铭诚工贸有限公司
装　　订：北京瑞隆泰达装订有限公司

850mm×1168mm　1/32　印张 7½　字数 214 千字
2018 年 7 月北京第 1 版第 1 次印刷

购书咨询：010-64518888（传真：010-64519686）　售后服务：010-64518899
网　　址：http://www.cip.com.cn
凡购买本书，如有缺损质量问题，本社销售中心负责调换。

定　价：39.00 元　　　　　　　　　　　　　版权所有　违者必究

Preface 前言

随着我国经济持续快速的发展，机动车保有量保持较快增长，汽车后市场维修服务行业前景广阔。现今汽车的电控技术已达到相当高的水平，这也对汽车维修人员的电工知识掌握情况提出了更高的要求。汽车维修技术人员特别是初学汽车维修的人员迫切需要深入了解汽车结构特点、维修方法以及维修经验，尤其是汽车电工技术方面的知识和技能，从而在竞争日益激烈的环境中立于不败之地。为了使广大初学汽车维修的技术人员全面系统地了解汽车电工知识，特编写了此书。

本书以通俗易懂的语言以及大量图示，围绕汽车维修人员普遍关心的汽车电工电子的基础知识，以及汽车电气、电控等系统的维修进行了详细的介绍。书中先从汽车电工基础知识入手介绍了电工维修工具仪器的使用、汽车电气系统组成、汽车电气系统故障类型及排除方法，再到汽车的电源和点火、启动系统、照明系统、电动辅助装置、刮水与洗涤系统、中控与防盗系统、空调系统等，最后还介绍了总线系统的原理和维修。同时在重要的基础知识和维修操作部分还配有演示视频，扫描二维码即可在手机上观看实际操作视频。

本书语言精练，以图为主、内容丰富、实用性强，既可作为初学汽车维修技术的人员使用，也可供广大汽车爱好者、驾驶人员以及大中专院校有关专业的师生阅读和参考。

本书由于海东主编，参加编写的还有邓家明、廖苏旦、罗文添、邓晓蓉、陈海波、刘青山、杨廷银、王世根、张捷辉、谭强、谭敦才、李杰、于梦莎、邓冬梅、廖锦胜、李颖欣、李娟、曾伟、黄峰、何伯中、李德峰、杨莉、李凡。

由于我们水平有限，加之时间仓促，书中难免存在不足之处，敬请广大读者朋友批评指正。

编 者

CONTENTS 目录

第1章 汽车电工基本知识

1.1 电工电子基础知识 …… 1
   1.1.1 电工电子常见基本概念及定律 …… 1
   1.1.2 电路的基本概念 …… 5
   1.1.3 电路的基本连接方法 …… 6
1.2 汽车电工工具、仪表使用 …… 8
   1.2.1 跨接线 …… 8
   1.2.2 试灯 …… 9
   1.2.3 万用表 …… 10
   1.2.4 汽车专用万用表 …… 13
   1.2.5 钳形电流表 …… 15
1.3 汽车电气系统组成 …… 16
   1.3.1 电气系统基本组成 …… 16
   1.3.2 电气系统简单原理 …… 19
1.4 汽车电气系统故障类型及基本排查方法 …… 29
   1.4.1 汽车电气系统故障类型 …… 29
   1.4.2 汽车电气系统故障基本排查方法 …… 30

第2章 电源、启动与点火系统

2.1 汽车电源系统 …… 33
   2.1.1 蓄电池 …… 33
   2.1.2 发电机 …… 34
   2.1.3 汽车电源系统常见故障 …… 36
2.2 启动系统 …… 36
   2.2.1 启动系统的组成 …… 36
   2.2.2 起动机 …… 37
   2.2.3 启动系统常见故障 …… 37
2.3 点火系统 …… 39
   2.3.1 点火系统组成 …… 39
   2.3.2 点火系统常见故障 …… 39

第3章 照明系统

3.1 汽车内、外照明系统原理 …… 44
   3.1.1 汽车内、外照明系统的说明和操作 …… 44
   3.1.2 电气原理示意图 …… 45
   3.1.3 前照灯工作原理 …… 46
   3.1.4 前雾灯工作原理 …… 46
   3.1.5 后雾灯工作原理 …… 46

3.1.6 位置灯工作原理 …… 46
3.1.7 灯光系统安装
    位置 …………………… 46
3.2 车外灯 …………………… 48
  3.2.1 灯光组合开关的
      更换 ………………… 48
  3.2.2 前照灯的更换 ……… 49
  3.2.3 后雾灯开关的
      更换 ………………… 51
  3.2.4 前雾灯的更换 ……… 52
  3.2.5 后雾灯的更换 ……… 53
  3.2.6 后组合灯的更换 …… 55
3.2.7 牌照灯的更换 ……… 56
3.2.8 变光组合开关的
    更换 ………………… 57
3.2.9 环境光及阳光
    传感器的更换 ……… 58
3.3 车内灯 …………………… 59
  3.3.1 顶灯和阅读灯
      的更换 ……………… 59
  3.3.2 车门灯的更换 ……… 61
  3.3.3 化妆照明灯的
      更换 ………………… 61

第4章 电动辅助装置

4.1 电动座椅 ………………… 63
  4.1.1 原理 ………………… 63
  4.1.2 位置图 ……………… 65
  4.1.3 拆装及更换 ………… 66
  4.1.4 故障诊断 …………… 74
4.2 电动后视镜 ……………… 81
  4.2.1 原理 ………………… 81
  4.2.2 位置图 ……………… 81
  4.2.3 拆装及更换 ………… 81
  4.2.4 故障诊断 …………… 86
4.3 电动车窗 ………………… 91
  4.3.1 原理 ………………… 91
  4.3.2 位置图 ……………… 93
  4.3.3 拆装及更换 ………… 94
  4.3.4 故障诊断 …………… 110
4.4 电动天窗 ………………… 119
  4.4.1 原理 ………………… 119
  4.4.2 位置图 ……………… 120
  4.4.3 拆装及更换 ………… 121
  4.4.4 故障诊断 …………… 127

第5章 刮水与洗涤系统

5.1 基本原理 ………………… 134
  5.1.1 描述和操作 ………… 134
  5.1.2 系统工作原理 ……… 135
  5.1.3 电气原理示意图 …… 136
5.2 部件位置 ………………… 136
  5.2.1 前刮水器电机 ……… 136
  5.2.2 洗涤液储液罐 ……… 137
  5.2.3 刮水器总成 ………… 137
5.3 拆卸与安装 ……………… 137
  5.3.1 刮片的更换 ………… 137
  5.3.2 雨刮臂的更换 ……… 138
  5.3.3 刮水器喷嘴的
      更换 ………………… 138
  5.3.4 洗涤液泵及软管的
      更换 ………………… 139
  5.3.5 洗涤液储液罐的

更换……………… 141
　5.3.6　刮水器及洗涤器
　　　开关的更换………… 142
　5.3.7　刮水器电机的
　　　更换……………… 144
5.4　常见的故障诊断………… 145
　5.4.1　刮水器在任何挡位
　　　都不工作…………… 145
　5.4.2　刮水器在高速挡
　　　不工作……………… 148
　5.4.3　刮水器在低速挡
　　　不工作……………… 150
　5.4.4　刮水器在间歇挡
　　　不工作……………… 151
　5.4.5　前洗涤器不工作… 152

第6章　汽车中控与防盗

6.1　中控门锁………………… 155
　6.1.1　基本原理…………… 155
　6.1.2　部件位置…………… 157
　6.1.3　拆卸与安装………… 158
　6.1.4　常见故障诊断……… 163
6.2　遥控防盗系统…………… 179
　6.2.1　基本原理…………… 179
　6.2.2　部件位置…………… 182

第7章　音响娱乐系统

7.1　基本原理………………… 185
7.2　部件位置………………… 186
7.3　拆卸与安装……………… 188
7.4　常见故障诊断…………… 196

第8章　空调系统

8.1　空调系统基本原理……… 200
　8.1.1　物体的三种状态…… 200
　8.1.2　空调系统制冷
　　　原理………………… 201
8.2　空调系统基本组成和
　　工作过程………………… 202
　8.2.1　空调系统基本
　　　组成………………… 202
　8.2.2　空调系统工作
　　　过程………………… 205
　8.2.3　空调部件位置图和空调
　　　控制模块简图……… 206
8.3　空调维修………………… 209
　8.3.1　空调系统空气滤清器的
　　　更换………………… 209
　8.3.2　空调控制面板
　　　的更换……………… 210
　8.3.3　冷凝器的更换……… 211
　8.3.4　空调压缩机的
　　　更换………………… 213
　8.3.5　空调机总成的
　　　更换………………… 215
　8.3.6　自动空调系统室外温度
　　　传感器的更换……… 219
　8.3.7　自动空调系统室内温度
　　　传感器的更换……… 219
8.4　故障排除………………… 221
　8.4.1　制冷不足故障

8.4.2 制热不足故障
　　诊断排除……………… 221

诊断排除……………… 223

第9章　数据通信系统

9.1 基本原理………………… 225
　9.1.1 总线说明……………… 225
　9.1.2 故障诊断接口
　　　　说明…………………… 226
　9.1.3 总线应用……………… 226
　9.1.4 数据通信原理图……… 227
9.2 部件位置………………… 228
9.3 常见故障诊断…………… 229
　9.3.1 目视检查……………… 229
9.3.2 CAN总线故障
　　　　预防…………………… 229
9.3.3 CAN总线完整性
　　　　诊断…………………… 229
9.3.4 CAN总线线束修理
　　　　规范…………………… 230
9.3.5 CAN总线信号
　　　　诊断…………………… 231

二维码目录

序号	名称	页码
二维码1	电压	2
二维码2	电流	3
二维码3	电阻	4
二维码4	电阻的串联	6
二维码5	电阻的并联	7
二维码6	万用表的使用	10
二维码7	蓄电池的结构	21
二维码8	发电机原理	23
二维码9	起动机的组成	24
二维码10	充电系统电路图的识读与工作过程分析	25
二维码11	照明系统的组成	26
二维码12	起动机拆装与检测	37
二维码13	启动时起动机的故障	39
二维码14	拆卸右前大灯	49

续表

序号	名称	页码
二维码 15	雾灯电路的检测	51
二维码 16	雾灯的拆装	52
二维码 17	后组合灯总成的拆装	55
二维码 18	电动座椅拆装	66
二维码 19	外后视镜拆装	81
二维码 20	内后视镜拆装	84
二维码 21	玻璃升降开关和前门内饰板的拆装	94
二维码 22	车窗升降器的拆装	95
二维码 23	风窗洗涤器的组成	134
二维码 24	刮水器片的更换	137
二维码 25	刮水器开关总成的拆卸	142
二维码 26	刮水器电机总成的检测	144
二维码 27	遥控器的检修	184
二维码 28	音响娱乐系统-前门低（高）音扬声器的拆装	188
二维码 29	后扬声器的拆装	192
二维码 30	空调系统	209

第 1 章

汽车电工基本知识

1.1 电工电子基础知识

1.1.1 电工电子常见基本概念及定律

(1) 电压、电流和电阻

电压、电流、电阻是组成任何汽车电子电路的三大要素,图 1-1-1 描述了三者之间的关系。电压是电子流过导体(电路)形成电流的动力,而电阻就是电子移动过程中遇到的阻力,不过要说明的是只有在封闭的电气回路中才能形成电流。

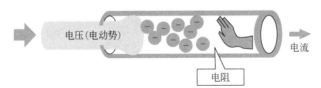

图 1-1-1 电压、电阻、电流三者之间的关系

为了能够更好地了解电压、电流、电阻以及半导体、导体和绝缘体等,在此先介绍一些原子物理学的基础知识。

① 原子、电子和电荷载体 所有物质都由不同的元素构成。这些元素最小的组成部分是原子。原子是可分割的,由中子、质子和电子组成。关于原子结构有多种不同理论。尼尔斯·玻尔理论是电工学理论中最为直观的一个。中子是不带电荷的质量粒子。质子是带正电荷的粒子。电子是带负电荷的粒子。电子多于质子或质子

多于电子时将原子称为离子。电荷载体可以是电子（金属电荷载体）或离子（液态和气态电荷载体）。

② 电压 正电荷与负电荷分别位于不同两侧时便会产生电压电源。电压电源始终具有带有不同电荷的两极：一侧是缺少电子的正极；另一侧是电子过剩的负极。在负极与正极之间有一种电子补偿趋势，即两极连接起来时电子由负极流向正极。这种电子补偿趋势称作电压。

汽车蓄电池内的电化学过程使电荷分离：电子聚集在一侧（负极）；另一侧缺少电子（正极）。两极之间产生一个电位差，即电压。电压的高低取决于电子数量之差，可用图1-1-2中的水位差来解释此现象。如果用一个带有规定电阻的导体将蓄电池两极连接起来，电子就会从负极移向正极。电流一直流动，直至两极之间不存在电位差或电路断路。

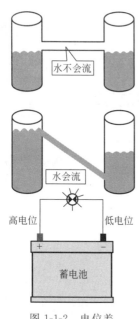

图1-1-2 电位差

电压

可按以下方式描述电压：电压是施加在自由电子上的压力或作用力；电压是产生电流的原因；两点或两极之间产生电荷差时就会形成电压（压力）。

电压的符号是 U，计量单位是 V。数值和极性保持不变的电压称为直流电压。使用最多的直流电压电源包括原电池（蓄电池）、发电机（部分接有整流器）、光电池（太阳能系统）和开关模式电源。数值大小和极性不断变化的电压称为交流电压。

③ 电流 是指电荷载体（例如物质或真空中的自由电子或离子）的定向移动。电压是产生电流的原因。只有在闭合的电路内才有电流流动，如图1-1-3所示。

电路由电源（例如电池）、用电器（例如一个白炽灯泡）和导线组成。通过开关可使电路闭合或断开。每个导体都带有自由电子。电路闭合时，所施加的电压使导体和用电器的所有自由电子同时朝一个方向移动。每个时间单位内流动的电子（电荷载体）数量就是电流强度，俗称电流。每秒钟流经导体的电子越多，电流强度就越大。

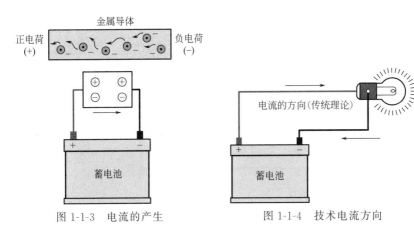

图 1-1-3　电流的产生　　　　图 1-1-4　技术电流方向

　　电流强度的符号是 I，计量单位是 A。在最简单的情况下，电流流动不随时间而改变。这种电流称为直流电流（DC）。除直流电流外还有交流电流（AC）。交流电流是指以周期方式改变其极性（方向）和电流值（强度）的电流。电流变化频率（通常也称为电源频率）表示每秒钟内电流朝相同方向流动的次数。

　　在导体内的准确过程尚不清楚时，人们认定电压电源外部的电流方向为从正极流向负极。这种电流方向称为技术电流方向，如图 1-1-4 所示。虽然当时这种假设已遭到驳斥，但出于实际原因仍保留了原来（历史）的电流方向。因此，即使在今天仍将电路内部的电流方向规定为从正极流向负极。为了了解电流流动机制以及物质的特定电气特性，人们考虑了电荷载体的实际移动情况。在一个闭合电路内，负极排斥自由电荷载体（电子），正极吸引自由电荷载体（电子），因此产生一个从负极流向正极的

电阻

电子流。该电流方向为物理电流方向,又称为电子流动方向。

④ 电阻　自由电荷载体在导体内部移动的结果是,自由电荷载体与原子相撞,因此电子流动受到干扰。这种效应称作电阻。该效应使电阻具有限制电路内电流的特点。电阻也称为欧姆电阻。在电子系统中,电阻的作用非常重要。除作为元件的标准电阻外,其他各部件都有一个可影响电路电压和电流的电阻值。

电阻的符号是 R,计量单位是 Ω。

导线的电阻取决于导体的尺寸、电阻率和温度。导体越长电阻值越大。导体横截面越大电阻值越小。相同尺寸的不同材料电阻值不同。每种物质都有一个特定的电阻率 ρ。某种物质的电阻率是指温度为 $20℃$ 时长 $1m$、横截面 $1mm^2$ 导体的电阻值。温度越低电阻越小。

(2) 欧姆定律

电流、电压、电阻称为电的三要素,它们之间的关系就是欧姆定律。在同一电路中,导体中的电流与导体两端的电压成正比,与导体的电阻成反比,这就是欧姆定律。

电压、电流和电阻之间的关系可用图 1-1-5 的水流来代替说明。电压一定时,电阻越高,电流越小。如图 1-1-6 所示,水流的压力随着位于水箱和水轮之间的阀门的开度而变化,因此水轮机的转速也随之变化。此阀门相当于电路中的电阻。

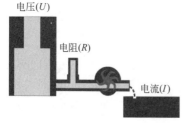

图 1-1-5　电压、电流、电阻之间的关系

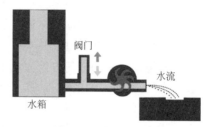

图 1-1-6　阀门与电阻

如图 1-1-7 所示,增加水箱中水的容量可以增加水轮的速度。另外,减小阀门的开度阻止水流,便减慢了水轮的速度。因此,调

节水压及阀门开度便可以将水轮控制在设定的速度运行。同样，在电路中，改变电阻及电压，可以对电路中各设备分配不同的做功量。

欧姆定律公式如图 1-1-8 所示。电流、电压和电阻存在以下关系：增加电压可以增大电流；减少电阻可以增大电流。这种关系可归纳如下：电流与电压成正比，与电阻成反比。电压、电流及电阻间的这种关系由欧姆定律定义，写成公式为

$$U=RI$$

式中　　U——电压，V；

　　　　R——电阻，Ω；

　　　　I——电流，A。

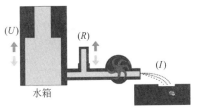

图 1-1-7　水流量的调节

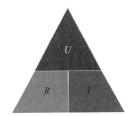

图 1-1-8　欧姆定律公式

1.1.2　电路的基本概念

电路的概念可通过图 1-1-9 来理解。如图 1-1-9(a) 所示，把蓄电池的正极、负极与灯泡用导线连接起来形成电通路称为电路或回路。如果用符号表示图中的电器，就会得到图 1-1-9(b) 所示的电

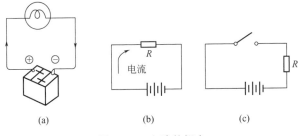

图 1-1-9　电路的概念

路图，图中 R 表示灯泡的电阻，箭头表示电流的方向。如果在图 1-1-9(b) 电路中增设开关就形成了图 1-1-9(c) 所示电路，该电路可通过开关控制通与断。开关断开时，电路中没有电流通过，灯不亮，这种状态称为开路或断路。当开关闭合时，电路中有电流通过，灯亮，这种状态称为通路。

图 1-1-10 是一个简单的电路，一个完整的电路由电源、负载、控制和保护装置及连接导线四部分组成。电路中的负载是将电能转换成其他形式能量的装置。负载性质可分为电阻组件、电感组件和电容组件三种。图 1-1-10 中的蓄电池就是电源，保险丝是保护装置，开关用于控制电路通断，是控制部件，而灯泡就是负载，导线和接地连接都属于电路连接。

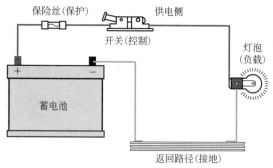

图 1-1-10 电路的基本组成

1.1.3 电路的基本连接方法

电路的基本连接有串联和并联两种。

电阻的串联

（1）串联

串联就是将所有的负荷（负载电阻）连接成一个通路，如图 1-1-11 所示。它的特点是各负荷中通过的电流相等。串联电路的总电阻等于各电阻之和。在电源串联电路中，电源总电压等于各电源电压之和。在柴油车的电源供应上，通常用两个 12V 蓄电池串联得到 24V 电压。

第1章 汽车电工基本知识

在一个串联电路中，由于电荷移动的路线只有一条，因此相同的电流经过每个电阻（负载），电压会因为串联电阻数量的增多而下降。电阻越大，在电路中的串联分压就越大，也就是说每个电阻两端的电压与它的阻值大小成正比。在串联电路中，6Ω的灯泡分得的电压就是2Ω灯泡的3倍。电路中串联的灯泡越多，灯泡的亮度越暗。

（2）并联

将几个负载的一端和另一端分别与电源相连，称为并联，如图1-1-12所示。在这个电路中有更大的横截面供电流通过。因此总电阻较小。并联电路的总电阻始终小于最小的单个用电器的电阻。用电器并联时，施加在所有用电器上的电压都相同。正是因为这种特性，并联电路在汽车中及家用和工业用电中最为常用。

电阻的并联

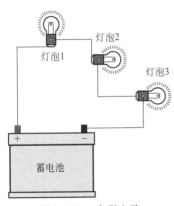

图1-1-11　串联电路

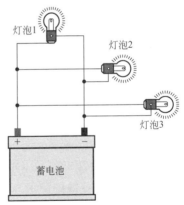

图1-1-12　并联电路

将相同规格的蓄电池进行并联（正极与正极相连，负极与负极相连）时，无论并联几个，电压均保持不变，仅容量增加，是各蓄电池容量之和。当汽车的启动蓄电池亏电或电压过低时，常采用这种蓄电池并联的方式启动发动机。

1.2 汽车电工工具、仪表使用

1.2.1 跨接线

跨接线又称跳线、短接线，是一段长短不一的导线，两端分别接有不同形式的插头。跨接线可以不改动原来的电气系统，把一个新的元器件（部件）接入系统，与原来的元器件并联运行，共同完成任务。常见的汽车启动跨接线如图 1-2-1 所示。

图 1-2-1　汽车启动跨接线

（1）启动跨接线的使用注意事项

① 跨接线不能接触发动机的运转部位。

② 接用蓄电池启动时，应佩戴适合的眼部保护装置，切勿靠近蓄电池。

③ 切勿跨接启动已损坏的蓄电池；在连接蓄电池充电线前，应检查蓄电池。

④ 确保车辆间距，且两个点火开关都旋至 OFF 位置。

⑤ 关闭所有用电器（无线电设备、除霜器、雨刮和灯光等）。

（2）启动跨接线的使用方法

① 将跨接线正极（＋）连接至亏电蓄电池的正极（＋）。

② 将跨接线正极（＋）的另一端连接至辅助蓄电池的正极（＋）。

③ 将跨接线负极（－）连接至辅助蓄电池的负极（－）。

④ 将跨接线负极（－）的另一端连接至熄火车辆的发动机缸体。

⑤ 确保跨接线连接牢固、不缠绕两发动机的风扇叶片、传送

带和其他运动部件。

⑥ 启动辅助车辆发动机并提高转速,再启动熄火车辆。当熄火车辆发动机正常工作后,再按连接时相反顺序拆除跨接线。

⑦ 熄火车辆应急启动之后,应行驶到4S店或蓄电池专卖店对蓄电池进行补充充电或更换。

1.2.2 试灯

试灯分为无源试灯和有源试灯。无源试灯本身没有电源,如图1-2-2所示,有源试灯本身有电源。

(1) 无源试灯的使用

① 检查控制系统或电源电路是否给各电气系统提供电源。使用时,将试灯一端搭铁,另一端接电气部件的电源插头。如灯亮,说明电气部件的电源电路无故障;如灯不亮,再接

图1-2-2 无源试灯

去向电源方向的第二个接线点。如灯亮,则故障在第一接点与第二接点之间,电路出现的是断路故障;如灯仍不亮,则再去接第三接点……直到灯亮为止。且故障在最后被测接头与上一个被测接点间的电路上,大多为断路故障。

② 检测高压线是否漏电。操作方法是启动发动机,将试灯的负极搭铁,正极在高压线之间晃动(需要保持一定的距离),如果试灯连续闪烁,说明距离其最近的高压线漏电。

③ 具有跨接线和指示灯的双重作用。操作方法是将试灯跨接在汽车专用诊断座的相应端子上,触发ECU的自诊断功能,通过试灯的闪烁频率,读取发动机的故障码,以便进行诊断。

(2) 有源试灯的使用

有源试灯用来检查电气线路的断路和短路故障。

① 断路检查:首先断开与电气部件相连的电源电路,将试灯一端搭铁,另一端接电路各接点(从电路首端开始),如果灯不亮,则断路出现在被测点与搭铁之间,如灯亮,则断路出现在该被测点与上一个被测点之间。

9

② 短路检查：首先断开电气部件电路的电源线和搭铁线，试灯一端搭铁，另一端与余下电气部件电路相连，如灯亮，表示有短路故障（搭铁）存在，然后逐步将电路中插接器脱开、开关打开、拆除部件等，直到灯灭为止，则短路出现在最后开路部件与上一个开路部件之间。

1.2.3 万用表

万用表是汽车电气系统检测最常用的仪表，分为指针式和数字式。目前数字式万用表最为常用。数字式万用表如图1-2-3所示。数字式万用表与指针式万用表相比，具有测量准确度高、测量速度快、输入阻抗大、过载能力强和功能多等优点，所以它在电工电子技术测量方面得到广泛的应用。数字式万用表的种类很多，但使用方法基本相同。

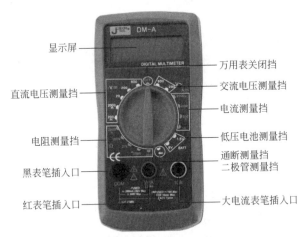

图 1-2-3　数字式万用表

（1）面板介绍

数字式万用表的面板上主要有液晶显示屏、挡位选择开关和各种插孔。液晶显示屏用来显示被测量的数值。挡位选择开关的功能是选择不同的测量挡位,它包括直流电压挡、交流电压挡、直流电流挡、欧姆挡、二极管测量挡等。数字式万用表的面板上有3个独立插孔。标有"COM"的为黑表笔插孔,标有"VΩmA"的为红表笔插孔,标有"10A"的为直流大电流插孔,在测量200mA～10A范围内的直流电流时,红表笔要插入该插孔。

（2）测量直流电压

图1-2-3中的数字式万用表的直流电压挡具体又分为200mV挡、2000mV挡、20V挡、200V挡、600V挡。

下面通过测量低压蓄电池的电压值来说明测量直流电压的过程（图1-2-4）,具体步骤如下。

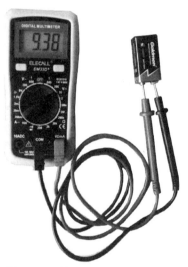

图1-2-4 低压蓄电池电压的测量

① 选择挡位。蓄电池的电压通常在9V左右,根据挡位应高于且最接近被测电压原则,选择20V挡较为合适。

② 红、黑表笔接被测电压。红表笔接被测蓄电池的正极,黑表笔接被测蓄电池的负极。

③ 在显示屏上读数。如观察显示屏显示的数值为9.38,则被测电池的直流电压为9.38V。若显示屏显示的数字不断变化,可选择其中较稳定的数字作为测量值。

(3) 测量交流电压

图 1-2-3 中的数字式万用表的交流电压挡又分为 200V 挡和 600V 挡。

下面通过测量市电的电压值来说明测量交流电压的过程（图 1-2-5），具体步骤如下。

图 1-2-5 市电交流电压的测量

① 选择挡位。市电电压通常在 220V 左右，根据挡位应高于且最接近被测电压原则，选择 600V 挡最为合适。

② 红、黑表笔接被测电压。由于交流电压无正、负极之分，故红、黑表笔可随意分别插入市电插座的两个插孔中。

③ 在显示屏上读数。如观察显示屏显示的数值为 233，则市电的电压值为 233V。

(4) 测量电阻

万用表测电阻时采用欧姆挡，DT-830B 型万用表的欧姆挡分为 200Ω 挡、2000Ω 挡、20kΩ 挡、200kΩ 挡和 2000kΩ 挡。

下面通过测量一个电阻的阻值来说明欧姆挡的使用方法（图 1-2-6），具体步骤如下。

① 选择挡位。根据挡位应高于且最接近被测电阻的阻值原则。若无法估计电阻的大致阻值，可先用最高挡测量，若发现偏小，再根据显示的阻值更换合适低挡位重新测量。

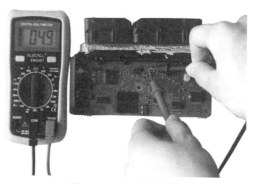

图 1-2-6　电阻的测量

② 红、黑表笔接被测电阻两端。

③ 在显示屏上读数。现观察显示屏显示的数值为 4.9，则被测电阻的阻值为 4.9Ω。

注意：数字式万用表在使用低欧姆挡（200Ω 挡）测量时，将两表笔短接，发现显示屏显示的阻值通常不为零，一般在零点几欧至几欧之间，性能好的数字式万用表该值很小。由于数字式万用表无法进行欧姆校零，如果对测量准确度要求很高，可先记下表笔短接时的阻值，再将测量值减去该值即为被测电阻的实际值。

1.2.4　汽车专用万用表

（1）汽车专用万用表基本功能

汽车万用表是一个具有特殊用途的专用型数字式万用表，它除了具备普通数字式万用表所有功能外，还具有汽车专用项目的测试功能。汽车专用万用表如图 1-2-7 所示。

汽车专用万用表与一般万用表相比，提供了更为专用的功能，可以检测电路中信号的频率、占空比、温度、转速和点火闭合角等。因此，能够正确使用汽车万用表是汽车故障检测的基本技能。汽车专用万用表基本功能如下：

① 具有能对直接点火（DIS）、发动机转速、发电机二极管动态测试及高压线测试等功能。

② 测量发动机转速及点火闭合角。

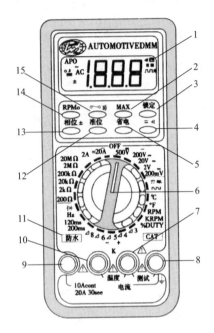

图 1-2-7　汽车专用万用表

1—液晶显示屏；2—测试中读取最大值；3—测试中锁定目前屏幕上数值；4—AC/DC切换，电路导通检查；5—电源 15min 后自动关闭；6—选择所需测试挡位；7—正极测试棒插座及温度测试棒插座；8—负极测试棒插座；9—电流正极测试棒插座；10—温度测试棒负极插座；11—防水符号；12—测试电路中平均电压插孔（平均电压以上为 Hi，以下为 Lo）；13—波形斜率正负；14—四冲程/二冲程/DIS 切换；15—检验表内部熔断器

③ 测量各种传感器和执行器的电阻、电压（或动态电压信号）和电流。

④ 测量喷油器通电时间及传感器频率信号。

⑤ 长时间不用，可自动关机以节省电能。

⑥ 诊断发动机、变速器、ABS、SRS 等的故障码，取代 LED 灯的跨接功能，并以声响计数和显示信号输出端电压。

(2) 汽车专用万用表使用

① 测量温度　测试该项目时应将功能选择开关置于温度（Temp）挡，按下功能按钮（℃/F），将黑线搭铁，探针线插头端

插入汽车万用表温度测量插孔,探针接触被测物体,显示屏即显示被测物体的温度。

② 信号频率检测　首先将功能选择开关置于频率(Freq)挡,黑线(自汽车万用表搭铁插孔引出)搭铁,红线(自汽车万用表公用插孔引出)接被测信号线,显示屏即显示被测信号的频率。

③ 点火线圈初级电路闭合角测量　将功能选择开关置于闭合角(Dwell)挡,黑线搭铁,红线接点火线圈负接线柱,发动机运转,显示屏即显示点火线圈初级电路的闭合角。

④ 发动机转速检测　将功能选择开关置于转速(RPM)挡,转速测量专用插头插入搭铁插孔与公用插孔中,感应式转速传感器(汽车万用表附件)夹在某一缸高压点火线上,在发动机工作时,显示屏即显示发动机的转速。

1.2.5　钳形电流表

钳形电流表是一种测量电气线路电流大小的仪表,如图 1-2-8 所示。与电流表和万用表相比,钳形表的优点是在测电流时不需要断开电路。钳形电流表可分为指针式钳形表和数字式钳形表两类,指针式钳形表是利用内部电流表的指针摆动来指示被测电流的大小;数字式钳形表是利用数字测量电路将被测电流处理后,再通过显示器以数字的形式将电流大小显示出来。

图 1-2-8　钳形电流表

在使用钳形表时,按下扳手,铁芯开口张开,从开口处将导线放入铁芯中央,再松开扳手,铁芯开口闭合。当有电流流过导线时,导线周围会产生磁场,磁场的磁力线沿铁芯穿过线圈,线圈立即产生电流,该电流经内部一些元器件后流进电流表,电流表指示电流的大小。流过导线的电流越大,导线产生的磁场越大,穿过线圈的磁力线越多,线圈产生的电流就越大,流进电流表的电流就越大,则显示的电流值越大。

在使用钳形表时,为了安全和测量准确,需要注意以下事项。

① 在测量时要估计被测电流大小,选择合适的挡位,不要用

低挡位测大电流。若无法估计电流大小，可先选高挡位，如果指针偏转偏小，再选择合适的低挡位重新测量。

② 在测量导线电流时，每次只能钳入一根导线，若钳入导线后发现有振动和碰撞声，应重新打开钳口，并开合几次，直至噪声消失为止。错误及正确的钳入方法如图1-2-9和图1-2-10所示。

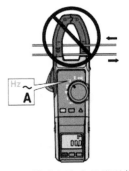 

图 1-2-9　钳形电流表的错误使用　　图 1-2-10　钳形电流表的正确使用

③ 在测大电流后再测小电流时，也需要开合钳口数次，以消除铁芯上的剩磁，以免产生测量误差。

④ 在测量时不要切换量程，以免切换时表内线圈瞬间开路，线圈感应出很高的电压而损坏表内的元器件。

⑤ 在测量一根导线的电流时，应尽量让其他导线远离钳形表，以免受这些导线产生的磁场影响，而使测量误差增大。

⑥ 在测量裸露导线时，需要用绝缘物将其他导线隔开，以免测量时钳形表开合钳口引起短路。

1.3　汽车电气系统组成

1.3.1　电气系统基本组成

汽车电气系统可分为电源系统、用电设备和配电系统三大类，组成和分布如图1-3-1和图1-3-2所示。

汽车电气系统各部分组成及主要部件如表1-3-1所示。

> 第1章 汽车电工基本知识

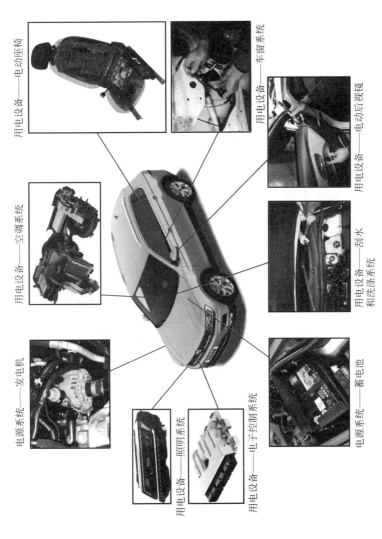

图1-3-1 汽车电气系统组成（电源系统和用电设备）

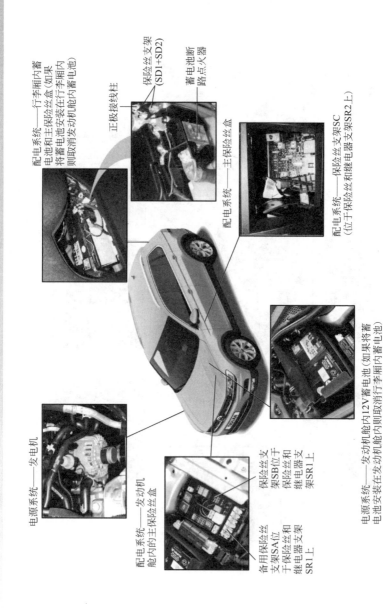

图1-3-2 汽车电气系统组成（电源系统和配电系统）

表 1-3-1 汽车电气系统各部分组成及主要部件

系统	作用
电源系统	发电机与蓄电池并联工作构成汽车双电源。发动机不工作时由蓄电池供电,发动机启动后,转由发电机供电。在发电机给用电设备供电的同时,也给蓄电池充电。发电机配有调节器,其主要作用是在发电机转速变化时,自动保持发电机输出电压的稳定
用电设备	汽车用电设备分为启动系统,点火系统,照明与信号系统,仪表、报警与电子显示系统,辅助电器系统及电子控制系统等 ①启动系统主要包括起动机及其控制电路,用来启动发动机 ②点火系统分为传统点火系统、电子点火系统以及微机控制点火系统 3 种。点火系统包括点火开关、点火线圈、分电器(有的车型已取消分电器)、控制器(ECU)、信号发生器、点火控制器、火花塞、高压导线等 ③照明系统包括车内外各种照明灯及其控制装置。信号系统包括声响信号和灯光信号装置、制动信号灯、转向信号灯、倒车信号灯等。照明装置包括车内、外各种照明灯。信号装置包括电喇叭、闪光器、蜂鸣器及各种信号灯,提供安全行车所必需的信号 ④仪表、报警与电子显示系统包括电压(电流)表、机油压力表、冷却液温度表、燃油表、车速里程表、发动机转速表、气压及各种报警灯等 ⑤辅助电器系统包括电动刮水器、空调系统、车窗玻璃电动升降器、电动座椅、防盗系统、收录机等。现在辅助电器设备有日益增多的趋势,主要向舒适、娱乐、保障安全等方面发展 ⑥电子控制系统包括电控燃油喷射系统(EFI)、微机控制点火系统(ESA)、电控自动变速器(ECT)、防抱死制动系统(ABS)、电控悬架系统(EMS)、自动空调(A/C)等
配电系统	配电系统主要作用是合理分配以上用电设备用电,并对其进行保护。包括中央接线盒、熔断器、继电器、线束和插接器、电路开关等

1.3.2 电气系统简单原理

(1) 电源、启动、充电系统

汽车蓄电池、发电机构成汽车的双电源。蓄电池在发电机启动时向起动机供电,并在发电机不工作时向用电设备供电。当发电机工作时,由发电机向全车用电设备供电。

① 蓄电池 俗称电瓶,是一种化学能转变为电能的装置。蓄电池的作用如下:

a. 在发动机启动时,给起动机提供大电流,同时向点火系统、燃油喷射系统及发动机其他用电设备供电。

b. 当发电机不工作时,由蓄电池向用电设备供电。

c. 当发电机正常发电时,蓄电池将发电机的电能转变为化学能储存起来(即充电)。

d. 当发电机过载时,蓄电池协助发电机向用电设备供电。

e. 当取下车钥匙时,由蓄电池向时钟、发动机及其他控制单元、音响系统及防盗报警系统等供电。

f. 蓄电池还可以吸收电路中的瞬间过电压,保持汽车电气系统电压的稳定,保护电子元件。

目前汽车上普遍采用铅酸蓄电池,混合动力和电动汽车上采用的高压蓄电池为锂离子电池。无论是普通车辆上采用的铅酸蓄电池,还是混合动力、电动汽车上采用的高压锂离子电池,都是由单格电池串联而成的。铅酸蓄电池每个单格电池电压为2.1V,6个单格电池串联得到12V蓄电池。奥迪Q5混合动力车型高压锂离子电池电压达266V,由72个电压为3.7V的单格锂电子电池串联组成。

铅酸蓄电池的单格电池结构如图1-3-3所示。单格电池由一个正极板组和一个负极板组组合而成。

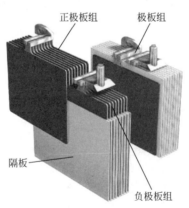

图1-3-3 铅酸蓄电池单格电池组

极板组由电极和隔板构成。电极由铅栅板和活性物质构成。隔板（微孔绝缘材料）用于分离不同极性的电极。电极或极板组在充满电时浸在38％浓度的硫酸溶液中（电解液）。

接线端子、单格电池和极板连接线由铅制成。正极和负极具有不同的直径。正极总是比负极粗。不同的直径可以避免蓄电池连接错误（防止接错线）。单格电池连接线穿过隔板。

由6个单格电池组成的12V蓄电池构造如图1-3-4所示。

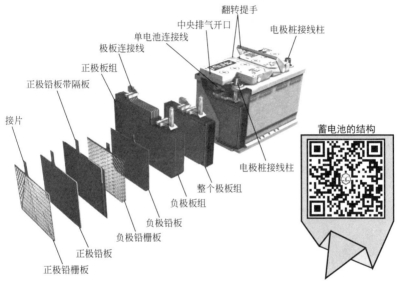

图1-3-4　铅酸蓄电池构造

6个单格铅酸蓄电池串联安装在由耐酸性绝缘材料制成的蓄电池外壳内。外面由底板固定蓄电池。上面外壳通过端盖封闭，蓄电池外壳如图1-3-5所示。

铅酸蓄电池一般安装在发动机舱，并且在蓄电池外部安装有热保护装置。也有部分车型将蓄电池安装在行李厢内，如图1-3-6所示。

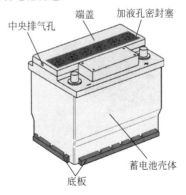

图1-3-5　蓄电池外壳

蓄电池罩(热保护装置)　蓄电池　　　　蓄电池控制　车载网络蓄电池　启动蓄电池

(a) 安装在发动机舱　　　　　　　　(b) 安装在行李厢(多蓄电池)

图 1-3-6　蓄电池安装位置

② 发电机　通过螺栓固定在发动机的机体或通过附件支架固定在机体上。发电机由多楔带通过发动机曲轴驱动。发动机气缸体布置形式不同，发电机的安装位置有所不同，图 1-3-7 所示为直列 4 缸发动机和 V 形 12 缸发动机发电机的安装位置。

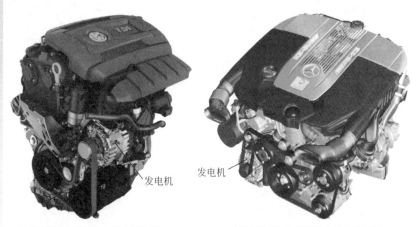

(a) 直列4缸发动机发电机安装位置　　　(b) V形12缸发动机发电机安装位置

图 1-3-7　发电机安装位置

发电机可分为直流发电机和交流发电机，目前汽车上普遍采用交流发电机。各品牌汽车安装的交流发电机结构和原理基本相同。

交流发电机构造如图 1-3-8 所示，主要由转子、定子、调节器、端盖、带轮和风扇等组成。

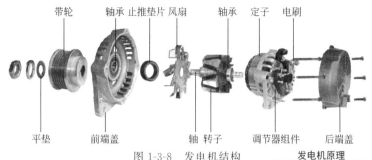

图 1-3-8　发电机结构

③ 启动系统　由蓄电池、点火开关、启动继电器、发动机 ECU、起动机等组成，如图 1-3-9 所示。起动机在点火开关和启动继电器的控制下，将蓄电池的电能转化为机械能，带动发动机飞轮齿圈使曲轴转动，完成发动机的启动。

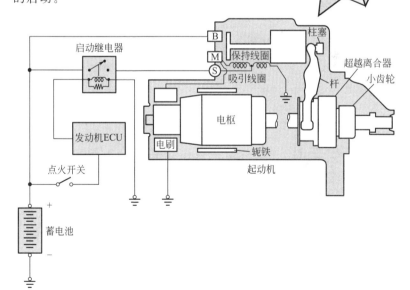

图 1-3-9　启动系统组成

将点火开关转到 START 位置时，发动机 ECU 将启动继电器转至 ON，电流在电磁开关内部的吸引线圈和保持线圈中流动，并对柱塞产生引力，柱塞被吸引时，与柱塞相连的杆会受到促动，从而使超越离合器与小齿轮接合。另外，吸引柱塞将打开电磁开关，从而使 B 端子与 M 端子导通。这样，电流流入起动机电机。在启动发动机后，点火开关重新回到 ON 位置时，发动机 ECU 将启动继电器转至 OFF 位置，小齿轮与齿圈脱离。驱动齿轮和电枢轴间装有一个超越离合器，以防止损坏起动机。

目前汽车普遍采用的起动机为直流串励式起动机。安装在发动机左后方靠近发动机飞轮齿圈的地方，用两个螺钉固定在变速器外壳的螺纹孔内。起动机由端盖、电刷、电枢、驱动齿轮、单向离合器、电磁开关等组成，如图 1-3-10 所示。

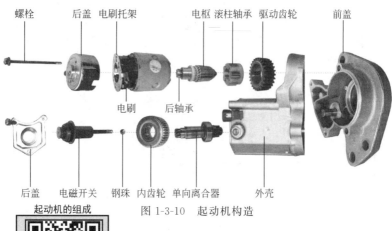

图 1-3-10　起动机构造

④ 充电系统　由交流发电机、发动机 ECU、组合仪表上的充电警告灯、蓄电池等组成，如图 1-3-11 所示。充电系统利用交流发电机输出，使蓄电池在不同的电气负荷下输出电压保持恒定的水平。发电机励磁线圈的旋转使定子中产生交流电压。产生的交流电流经过二极管的整流变为直流电。

在打开点火开关时，电流流入励磁线圈，在励磁线圈中产生初

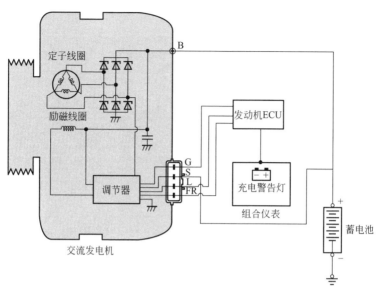

图 1-3-11 充电系统组成及原理

充电系统电路图的识读与工作过程分析

始励磁作用。当定子线圈在发动机启动后开始产生电力时,定子线圈的输出电流激励励磁线圈。交流发电机输出电压随励磁电流的增大而升高,随其减小而降低。当蓄电池电压(交流发电机 S 端子电压)达到约 14.4V 的调节电压时,励磁电流将被切断。当蓄电池电压低于调节电压时,调压器通过控制励磁电流将输出电压调节到一个恒定水平。另外,当励磁电流恒定时,交流发电机的输出电压将随发动机的转速增大而升高。

(2) 照明系统

为了保证汽车行驶安全,目前汽车上都装备了多种照明及信号设备,而且各国对照明及信号设备在法律上都有不同程度的规定。不同汽车照明及信号系统是不完全相同的,除了美观、实用外,还必须满足两个要求:一个是保证运行安全;另一个是符合交通法规。汽车照明与信号系统的基本组成如图 1-3-12 所示,各照明灯作用及特征如表 1-3-2 所示。

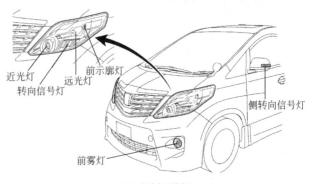

(a) 车外灯(前部)

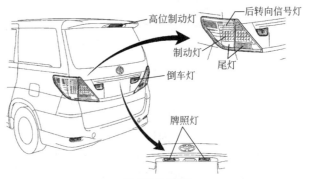

(b) 车外灯(后部)

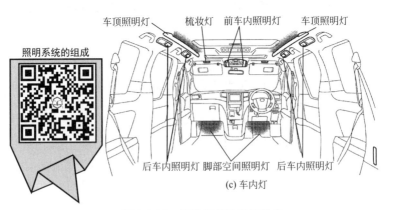

(c) 车内灯

图 1-3-12　照明与信号系统组成

表 1-3-2　照明系统各照明灯作用及特征

类型	作用	特征
前照灯	夜间行车时照亮前方道路,为驾驶员提供良好的光照条件	功率为35～60W
小灯/轮廓灯	夜间行车或停车时标示其轮廓或存在	前小灯为白色,后小灯为红色,功率为5～10W
日间行车灯	是使车辆在白天行驶时更容易被人认出来的灯具。它的功效不是为了使驾驶员能看清路面,而是为了让别人知道有一辆车开过来了。因此这种灯具不是照明灯,而是一种信号灯	多为LED灯泡且和小灯共用灯泡
牌照灯	安装在汽车尾部的牌照上方,其作用是夜间照亮汽车牌照	灯光为白色,功率为5～15W
仪表灯	安装在汽车仪表上,其作用是夜间照亮仪表	灯光为白色,功率为2～8W
顶灯	安装在驾驶室的顶部,其作用是驾驶室内部照明	灯光为白色,功率为5～8W
雾灯	其作用是雨、雾天气用来照明	灯光为黄色(因为黄色有良好的透雾性),功率为35～55W
转向灯	其作用是表示汽车的运行方向(左、右转向灯同时闪亮时,表示有紧急情况)	灯光为黄色,功率为20W以上
制动灯	安装于汽车后面,其作用是在汽车制动停车或制动减速行驶时,向后面的车辆发出灯光信号,以防止追尾	灯光为红色,功率为20W以上 LED制动灯,单个LED功率为0.3～5W
倒车灯	其作用有两个:一个是向其他车辆和行人发出倒车信号;另一个是夜间倒车照明	灯光为白色,功率为20W
指示灯	指示某一系统是否处于工作状态,如远近光指示灯、转向指示灯、雾灯工作指示灯、驻车制动指示灯、收放机工作指示灯、自动变速器挡位指示灯等	灯光为红色、蓝色、黄色等,功率为2W

续表

类型	作用	特征
警告灯	安装在仪表板上,其作用是监测汽车各系统的技术状况(当某一系统出现异常情况时,对应的警告灯亮,提醒驾驶员该系统出现故障),如发动机故障警告灯、润滑油警告灯、冷却液温度警告灯等	灯光为红色、绿色或黄色,功率为 2W

注:此外,还有工作灯、门灯、踏步灯、行李厢灯、阅读灯、喇叭、蜂鸣器等。一般汽车多将前照灯、前雾灯、前小灯等组合起来,称为前组合灯;将后小灯、后转向信号灯、制动信号灯、倒车灯及后雾灯组合起来,称为后组合灯。

目前汽车照明系统中常见的灯泡有卤素灯泡、氙气灯和 LED 灯。

卤素灯泡简称为卤素泡或者卤素灯,又称为钨卤灯泡、石英灯泡。原理是在灯泡内注入碘或溴等卤素气体,在高温下,升华的钨丝与卤素进行化学作用,冷却后的钨会重新凝固在钨丝上,形成平衡的循环,避免钨丝过早断裂。因此卤素灯泡比白炽灯寿命长。卤素灯目前仍然大量使用在汽车的前照灯、小灯、尾灯、室内照明灯等位置。

氙气灯简称为氙灯,又称为 HID 气体放电灯,结构如图 1-3-13 所示。氙气灯利用配套的电子镇流器将汽车蓄电池 12V 电压瞬间提升到 23kV 以上,将氙气灯中的氙气电离形成电弧放电并使之稳定发光。

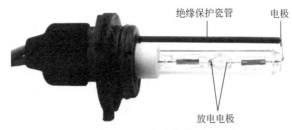

图 1-3-13 氙气灯构造

氙灯没有灯丝,这是氙灯与传统灯具最重要的区别。氙灯是利用两电极之间放电器产生的电弧来发光的,如同电焊中产生的电弧的亮光。高压脉冲电加在完全密闭的微型石英管内的金属电极之间,激励管内的物质(氙气、少量的水银蒸气、金属卤化物)在电弧中电离产生光亮。这种光亮的色温与太阳光相似,但含较多的绿色与蓝色成分,因此呈现蓝白色光。这种蓝白色光大幅提高了道路标志和指示牌的亮度。

氙气前照灯灯泡的光色和日光灯相似,其亮度是目前卤钨灯泡亮度的 2.5 倍,寿命是卤钨灯泡的 5 倍,灯泡的功率为 35W,可节能 40%,且色温舒适度高,可以有效减少驾驶员的视觉疲劳,对于驾车安全性也间接有所助益。奥迪 A6L、Q5、A7 等车系使用的氙气前照灯如图 1-3-14 所示。

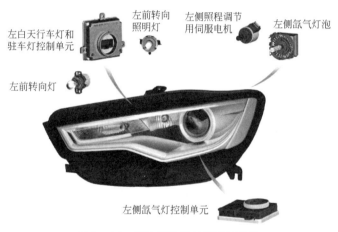

图 1-3-14 奥迪车系氙气前照灯结构

1.4 汽车电气系统故障类型及基本排查方法

1.4.1 汽车电气系统故障类型

汽车电气系统故障类型按照其工作过程可分为用电设备自身故障和线路故障,如表 1-4-1 所示。

表 1-4-1　汽车电气系统故障类型

故障类型	描述
用电设备自身故障	用电设备自身故障是指电气设备自身丧失其原有机能，包括电气设备的机械损坏、烧毁及电子元件的击穿、老化、性能减退等 　　在实际使用和维修中，常常因线路故障而造成用电设备自身故障。用电设备自身故障一般是可修复的，但对于一些不可拆的电子设备出现故障后无法进行修复，而只能更换
线路故障	线路故障包括断路、短路、接线松脱、接触不良或绝缘不良等。这一类故障有时容易出现一些假象，给故障诊断带来困难 　　例如，当某搭铁线与车身出现接触不良，就有可能造成电气设备开关无法控制，电气设备工作出现混乱。这是因为几个电气设备共用一个搭铁，一旦该搭铁线出现接触不良，它就把多个电气设备的工作电路联系到一起，造成一个或多个电气设备工作异常

1.4.2　汽车电气系统故障基本排查方法

汽车电气设备故障排查方法一般有直观判断法、抽线振动法、专用仪器检查法、万用表检查法、短路断路检查法、替换法、试灯检查法、搭铁检查法等，如表 1-4-2 所示。

表 1-4-2　汽车电气故障基本排查方法

方法		说明
	询问	主要询问汽车使用情况，使用年限，行驶里程数，发生故障时有什么征兆，故障发生后采取过什么修复手段，是否在其他处维修过，更换过什么零部件等。通过询问详细了解以上这些情况可以进一步判断故障点，以采用较为合理、安全的修理方法
直观判断法	眼看	首先观察汽车电器各种开关、按键等是否处于正确位置或有无损坏；观察导线有无烧焦变色、变形，螺钉是否松动，导线连接是否不良或接头断路，电器外壳是否破损或变形；查看保险丝有无烧断，电子元件或印制电路板焊点是否松脱，元件连接线和印制电路是否锈蚀严重；在夜间查看导线接头有无跳火现象。这样可以较快地发现故障部位或有故障的元器件
	手摸	用手摸被怀疑有故障的器件是否严重发热，如点火线圈正常温度不应发热烫手，若发热烫手，说明点火线圈内部有短路故障

续表

方法		说明
直观判断法	鼻闻	闻故障点发出的气味,通过气味的大小和方向来判断故障的性质、损坏程度和哪个器件损坏。如闻到焦煳味,就可判断是导线有过电流烧坏绝缘层,若闻到硫酸味则说明是蓄电池过充电或外壳有渗漏现象
	耳听	听要检修的某个电器或故障部位,如听发电机有无刮碰异常响声,起动机运转是否有异常响声;检修某个继电器判断其是否损坏,通电后能听到"咔嗒"声说明工作正常,否则说明有故障;仔细听声响装置(如报警器、电喇叭、扬声器等)有无异常响声等
抽线振动法	抽线法	汽车电气系统连线一般都有线束包扎并且铺设在汽车内饰板以下,发生故障时很难直接观察到,严重时会导致汽车启动困难,可用一个小夹钳将线束一根一根地慢慢抽动,只要线路有断路的地方,此条导线就很容易被抽出来
	振动法	部分汽车故障是在行走振动时才发生的,此时可以采用振动法进行试验。受振动影响较大的器件有插接器、导线、传感器和执行器等。插接器和导线可在垂直和平行方向轻轻振动;传感器和执行器可用手轻拍其壳体
专用仪器检查法		专用仪器主要是指检查汽车电控系统的故障检查仪。使用专用仪器可以十分准确地知道电子电气故障,凡是电控系统均要使用专用仪器进行检查 汽车电控系统工作时,各种传感器向电控单元输入各种信号,由电控单元进行运算综合判断处理后向各执行元件、喷油器、废气再循环阀和怠速辅助空气控制阀等输出电控信号。汽车电控单元将采集到的这些信号进行比较,如某信号异常则会以故障码的形式存储,专用仪器可读取这些故障码,并显示出来供维修技术人员确定故障部位
万用表检测法		使用万用表测量电路和元件的好坏是常用的方法。数字式万用表测量法主要是测量电路的通或断以及测量电压、电阻和电流的大小,此方法既快速又准确
短路断路检查法		该方法适用于排查电控汽车电路系统发生搭铁不良或短路故障。例如,某轿车大灯开关扳到某挡位时,熔丝就被烧断,表明该灯光电路有短路故障。此时可采用断路法分别对前照灯和后灯的连接线、灯座等进行详细检查。短路法就是用短接线(或串接电阻)将汽车上的某段导线或某一电器短接后,通过观察电路器件的工作变化情况,从而判断故障部位或故障元器件。如怀疑起动机电磁开关有故障,接通点火开关后,当用导线将电磁开关两接点短接,若起动机电磁线圈有吸动声音,则说明电磁开关内部接触不良或断路

续表

方法	说明
替换法	替换法就是使用相同规格的器件替换认为有故障的器件。如怀疑某个继电器故障,可用好的相同规格的继电器替换后再检查故障是否排除
试灯检查法	试灯一端用连线接一个搭铁夹,另一端可接一根表笔,以此来检查某个电器或线路有无故障。此方法尤其适用于检测那些不允许直接短路的部位和装有电子元器件的电路。例如,测试交流发电机是否发电可用试灯法,将试灯的一端搭铁,另一端接发电机电枢接线柱,若试灯亮,说明发电机工作正常,试灯若不亮,则说明发电机有故障。检查汽车电路的某一连接导线有无断路故障也可采用试灯法,可从电源入口处逐步向后进行检查
搭铁检查法	此方法用来检查某电器或导线有无断路或短路故障。搭铁法通常又分为直接搭铁法和间接搭铁法两种
	直接搭铁法是指被搭铁的导线或器件在某一处未经负载直接搭铁。例如,若怀疑灯光总开关至制动灯开关的这一段线路有故障,则可拆下制动灯开关上的导线直接搭铁碰火,若出现较大的火花,说明该连接线路正常;若无火花,说明存在断路或接触不良故障。采用此法时搭铁刮碰的速度要快,要特别注意防止烧坏正常的保险丝
	间接搭铁法是指通过某个电器而搭铁,以查看该器件或连接导线是否有故障。如将点火线圈低压侧接线柱搭铁刮碰,若有微弱的火花,说明该段线路正常;若无火花,说明该段线路有故障

第 2 章

电源、启动与点火系统

2.1 汽车电源系统

2.1.1 蓄电池

(1) 免维护蓄电池的优点

① 在使用期限内无需加水。

② 过充保护。

③ 不像常规蓄电池那样容易漏电。

④ 重量和体积更小,电池容量更大。

(2) 蓄电池的主要功能

① 在车辆启动时提供发动机启动能源。

② 可起到电气系统稳压器作用。

③ 当发电机的发电量不能满足电气系统的需求时,蓄电池能够在一定时间内提供电量。

(3) 蓄电池的额定容量

蓄电池的额定容量是指完全充足电的蓄电池在电解液平均温度30℃的情况下,以20小时率放电的电流(相当于额定容量的1/20)连续放电至单体1.75V时输出的电量。

(4) 蓄电池冷启动故障原因

蓄电池电压不足,车辆过夜后无法启动等故障,从以下几个方面考虑原因。

① 车内有用电设备未关。

② 行车速度缓慢，且时走时停。
③ 车辆的电气负载超过发电机输出，尤其是车辆装备了售后加装装置。
④ 充电系统有故障，如电气短路、发电机皮带打滑、发电机有故障或调压器有故障。
⑤ 蓄电池使用不合理，包括未能保持蓄电池电缆端子清洁和紧固，或蓄电池固定压条松动。
⑥ 电气系统中的机械故障，如导线短路或夹伤。

2.1.2 发电机

(1) 部件位置

发动机部件安装位置如图 2-1-1 所示。

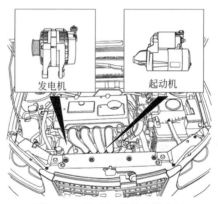

图 2-1-1 发动机部件安装位置

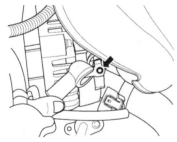

图 2-1-2 拆卸发电机充电线束紧固螺母

(2) 发电机更换步骤

① 拆卸程序

a. 断开蓄电池负极。断开发电机线束连接器。

b. 如图 2-1-2 所示，拆卸发电机充电线束紧固螺母。

c. 拆卸传动皮带。如图 2-1-3 所示，拆卸发电机下部固定螺栓

第 2 章 电源、启动与点火系统

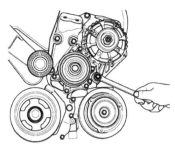

图 2-1-3 拆卸发电机下部固定螺栓

d. 如图 2-1-4 所示，拆卸发电机上部固定螺栓。从发电机支架上取下发电机。

② 安装程序

a. 如图 2-1-4 所示，安装并紧固发电机上部固定螺栓，力矩为 20～30N·m。

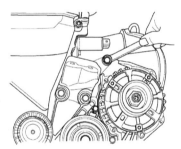

图 2-1-4 拆卸发电机上部固定螺栓

b. 如图 2-1-3 所示，安装并紧固发电机下部固定螺栓，力矩为 44～64N·m。

c. 安装传动皮带。安装发电机充电线束，并紧固线束，固定力矩为 10N·m。

d. 如图 2-1-5 所示，连接发电机线束连接器。连接蓄电池负极电缆。

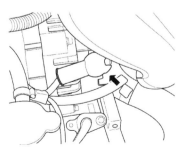

图 2-1-5 连接发电机线束连接器

35

2.1.3 汽车电源系统常见故障

如果蓄电池产生持续亏电，应执行图 2-1-6 中的诊断流程，检查蓄电池是否有寄生电流产生。

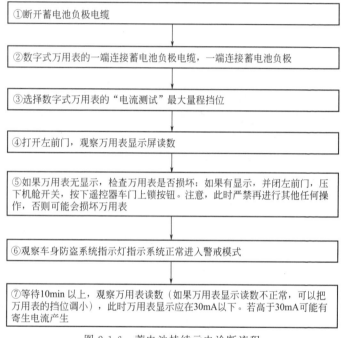

图 2-1-6　蓄电池持续亏电诊断流程

🔧 2.2　启动系统

2.2.1　启动系统的组成

启动系统主要包括蓄电池、点火开关、起动机、启动继电器和相关线路，所有这些部件均进行了电气连接。当点火开关置于 ST 位置时，启动继电器吸合，供电给启动电机的磁力开关，启动电机运转。

2.2.2 起动机

起动机的分解如图 2-2-1 所示。

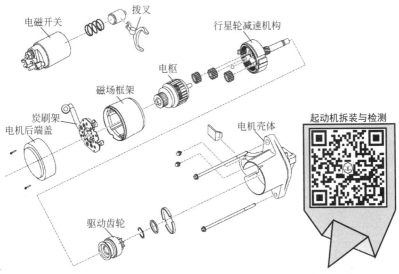

图 2-2-1 起动机的分解图

2.2.3 启动系统常见故障

(1) 启动电机有噪声 (图 2-2-2)

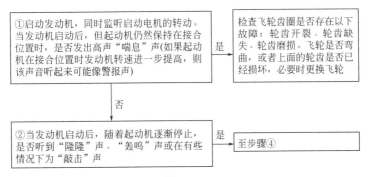

图 2-2-2

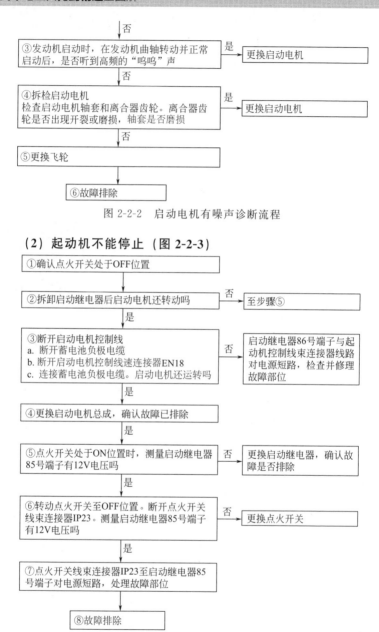

图 2-2-2 启动电机有噪声诊断流程

(2) 起动机不能停止（图 2-2-3）

图 2-2-3 起动机不能停止诊断流程

起动机其他故障诊断方法见视频。

启动时起动机的故障

🛠 2.3 点火系统

2.3.1 点火系统组成

采用 DLI 无分电器双缸同时点火系统，将点火电压直接从点火线圈传送至火花塞。系统部件主要由 ECM、两个点火线圈、高压阻尼线、火花塞、曲轴位置传感器、凸轮轴位置传感器、爆震传感器等组成。这种无分电器点火称为直接点火。当 ECM 触发点火线圈开始点火，火花同时在这两个气缸内出现，此时两个气缸一个处于压缩行程一个处于排气行程。处于排气行程的气缸由于气缸压力低、温度高、点火电压突破火花塞间隙只需要极少能量，所以是无效点火，剩余能量可供处于压缩行程气缸中的火花塞使用。又由于采用了 DLI 无分电器点火系统，ECM 可以根据发动机各种负荷情形，控制最佳的点火正时，使发动机输出功率、加速性、经济性和废气排放等都达到最理想的状态，而且点火系统的电压不会随着转速的增加而降低。由于没有机械性元件，所以也没有机械误差产生。

点火线圈不能维修，必须作为总成进行更换。

2.3.2 点火系统常见故障

（1）火花塞在使用中常见的故障现象及产生原因（表 2-3-1）

表 2-3-1 火花塞在使用中常见的故障现象及产生原因

故障现象	产生原因
火花塞顶端起疤、破坏或电极熔化、烧蚀都表明火花塞已经毁坏，应更换。更换时应检查烧蚀的症状以及颜色的变化，以便分析产生故障的原因	①电极熔化且绝缘体呈白色，表明燃烧室内温度过高。这可能是燃烧室内积炭过多，使气门间隙过小等引起的排气门过热或冷却装置工作不良，也可能是火花塞未按规定力矩拧紧 ②电极变圆且绝缘体结有疤痕，表明发动机早燃，可能是点火时间过早或汽油辛烷值低，火花塞热值过高等原因 ③绝缘体顶端碎裂。爆震燃烧是绝缘体破裂的主要原因，而点火时间过早、汽油辛烷值低、燃烧室内温度过高，都可能导致发动机爆震燃烧 ④绝缘体顶端有灰黑色条纹。这种条纹标志火花塞已经漏气，应更换新件
火花塞绝缘体的顶端和电极间有时会粘有沉积物，严重时会造成发动机不能工作，如清洁火花塞可暂时得到补救。为了保持良好的性能，必须查明故障根源	①油性沉积物。火花塞上有油性沉积物，表明润滑油进入燃烧室内。如果只是个别火花塞，则可能是气门杆油封损坏。如果各缸火花塞都粘有这种沉积物，表明气缸窜油，应检查空气滤清器和通风装置是否堵塞 ②黑色沉积物。火花塞电极和内部有黑色沉积物，表明混合气过浓，增高发动机运转速度，并持续几分钟，就可烧掉留在电极上的黑色煤烟层

正常燃油的火花塞中心电极呈灰色或者黄色，如图 2-3-1 所示。过度燃油的火花塞中心电极严重烧蚀，如图 2-3-2 所示。火花塞热值不正确或者由于发动机燃油系统故障所导致的故障现象，火花塞中心电极及绝缘磁体有非常严重的积炭，如图 2-3-3 所示。

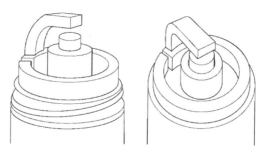

图 2-3-1 正常燃油的火花塞中心电极呈灰色或者黄色

> 第2章 电源、启动与点火系统

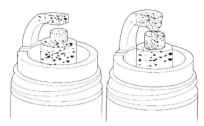

图 2-3-2　过度燃油的火花塞中心电极严重烧蚀

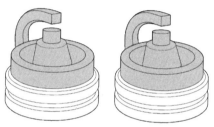

图 2-3-3　火花塞中心电极及绝缘磁体有严重的积炭

（2）火花塞不跳火故障诊断流程（图 2-3-4）

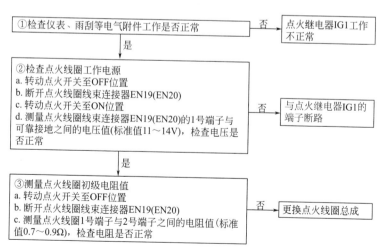

图 2-3-4

41

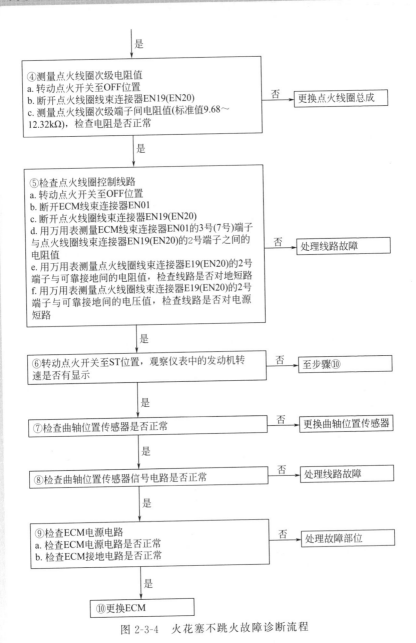

图 2-3-4 火花塞不跳火故障诊断流程

(3) 火花塞检查流程（图2-3-5）

| ①拆卸火花塞 |

| ②检查端子接线柱(图2-3-6)是否弯曲或断裂。通过拧动和拉动接线柱的方式测试端子接线柱是否松动 |

| ③检查绝缘体(图2-3-6)是否跳火或有漏电炭迹，这是由端子接线柱和接地点之间的绝缘体两端之间放电而引起的
检查是否存在如下状况：高压阻尼线是否损坏；气缸盖的火花塞槽部位是否潮湿，不得有机油、冷却液或水，火花塞套管完全受潮后会引起电弧放电 |

| ④检查绝缘体(图2-3-6)是否有裂纹，如有裂纹会引起放电 |

| ⑤检查电极(图2-3-6)是否有异常放电的迹象。测量电极之间的间隙
a. 检查火花塞拧紧力矩是否正确。火花塞的拧紧力矩为20～30N·m，拧紧力矩不足火花塞将不能正常工作，拧紧力矩过大可能导致绝缘体开裂
b. 检查侧电极尖端而不是中心电极附近是否有漏电迹象
c. 检查电极是否断裂和磨损
d. 通过摇动火花塞检查中心电极是否断裂、磨损或松动。如果听到"咔啦"声则表示内部已损坏。中心电极若松动会降低火花强度
e. 检查中心电极和侧电极之间是否存在搭桥短接现象，中心电极上的沉积物会减小甚至消除它们之间的间隙
f. 检查电极是否过于脏污 |

| ⑥检查气缸盖的火花塞槽部位是否有杂屑，如有则在安装过程中可能会损坏火花塞 |

图 2-3-5　火花塞检查流程

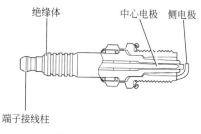

图 2-3-6　火花塞

第 3 章

照明系统

3.1 汽车内、外照明系统原理

3.1.1 汽车内、外照明系统的说明和操作

汽车内、外照明系统的说明和操作如表 3-1-1 所示。

表 3-1-1 汽车内、外照明系统的说明和操作

照明系统	说明和操作
前照灯	前照灯的远光和近光由操纵杆控制。当前照灯接通时,将操纵杆推离驾驶员直到听到"咔嗒"声,即从近光变为远光。在前照灯远光接通时,组合仪表总成上的指示灯点亮。将操纵杆朝驾驶员方向拉回,则从远光变为近光。如果继续朝驾驶员方向拉仍可从近光变为远光
前照灯未关提醒蜂鸣器	当前照灯开关处于前照灯接通或位置灯接通位置时,而且当点火开关不在 ON(接通)、ACC(附件)或 START(启动)位置时,车身控制模块监测驾驶员车门状态,如果此时左前门打开,车身控制模块将使蜂鸣器鸣响
位置灯和转向信号灯	将照明开关转至第一个位置即可点亮位置灯。将点火开关转至 OFF(关闭)位置即可关闭位置灯。在启用转向信号灯时,前后转向信号灯闪烁,发出转向信号。转向信号灯仅在点火开关接通时工作。转向信号灯由转向柱左侧的灯开关控制。往上或往下拨动操纵杆(超过止动点)将点亮前后转向信号灯。在转弯结束后,操纵杆返回水平位置,转向信号灯停止闪烁
雾灯	前雾灯开关位于转向柱左侧的多功能操纵杆上;后雾灯开关位于仪表板中部、空调控制面板下方。当灯光开关接通时,通过向前旋转多功能操纵杆上的前雾灯开关,可以接通前雾灯,同时雾灯接通指示灯点亮。要使用后雾灯,必须先启亮前照灯(或位置灯),并在开启了前雾灯的情况下,按下后雾灯开关,开关上的指示灯启亮,指示后雾灯已经接通。再按该开关,便可关闭后雾灯。然后,指示灯熄灭

续表

照明系统	说明和操作
后组合灯	两厢车后位置灯、刹车灯、后雾灯、转向信号灯和倒车灯为一个总成。三厢车的后雾灯为单独的总成
倒车灯	三厢车的倒车灯设置为两个,两厢车的倒车灯位于右后组合灯内。当变速器处于倒挡时将点亮。倒车灯由与变速器连接的倒挡开关操纵
牌照灯	牌照灯在前照灯或位置灯点亮时点亮。牌照灯安装在牌照板上方
车灯控制模块	自动照明关闭功能将在驾驶员车门关闭数秒内关闭前照灯、位置灯、尾灯、牌照灯和仪表板照明灯。如果将车灯开关置于第一或第二位置,并拔出钥匙离开汽车,该功能将启动
车内门控灯	门控灯位于顶灯开关旁边。车内门控开关有三个位置。当开关处于中间位置时,只要打开车门,门控灯就会点亮,关闭车门,则门控灯熄灭。在ON(接通)位置时,门控灯将一直点亮,直到开关关闭。在OFF(关闭)位置时,即使有车门打开,门控灯也不会点亮
行李厢灯	对于三厢车,行李厢灯位于行李厢盖防磨板下方。对于两厢车,行李厢灯位于左侧车轮罩装饰板上。只要打开行李厢,灯就点亮

3.1.2 电气原理示意图

电气原理示意图如图3-1-1所示。

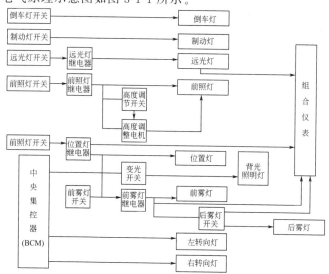

图3-1-1 电气原理示意图

3.1.3 前照灯工作原理

当灯光组合开关打到"前照灯"挡时,工作电压由开关端子输出驱动前照灯继电器吸合,点亮前照灯。前照灯供电电压被传送到前照灯光轴调节开关和左、右前照灯光轴调节电机,此时上下拨动调节开关能改变调节电机的信号电压,从而实现前照灯的高度调节功能。

当灯光组合开关切换到远光位置时,工作电压由开关端子输出驱动远光灯继电器吸合点亮远光灯,同时远光灯供电电压被传送到组合仪表点亮远光指示灯。

3.1.4 前雾灯工作原理

前雾灯继电器的线圈驱动电源来自位置灯供电电压。当前雾灯开关闭合时,开关提供搭铁电路驱动前雾灯继电器闭合,工作电压通过继电器点亮前雾灯,同时此电压被传送到组合仪表点亮前雾灯指示灯。

3.1.5 后雾灯工作原理

当后雾灯开关闭合时,来自前雾灯供电电路的电压通过后雾灯开关驱动后雾灯继电器点亮后雾灯,同时此电压被传送到组合仪表点亮后雾灯指示灯。

3.1.6 位置灯工作原理

当灯光组合开关打到"前照灯"挡时,工作电压由开关端子输出驱动小灯继电器闭合,点亮所有位置灯、仪表照明灯以及牌照灯,同时此电压传送到背光照明调节开关,通过此开关可以调节背光照明的亮度。

3.1.7 灯光系统安装位置

前雾灯、前照灯安装位置如图3-1-2所示,后雾灯、高位制动灯安装位置如图3-1-3所示,后组合灯安装位置如图3-1-4所示,多功能操纵杆、背光照明调节开关、前照灯高度调整开关安装位置如图 3-1-5 所示。

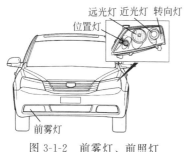

图 3-1-2　前雾灯、前照灯安装位置

图 3-1-3　后雾灯、高位制动灯安装位置

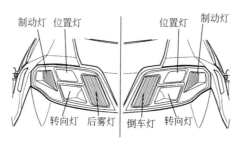

图 3-1-4　后组合灯安装位置

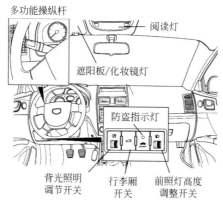

图 3-1-5　多功能操纵杆、背光照明调节开关、前照灯高度调整开关安装位置

3.2 车外灯

3.2.1 灯光组合开关的更换

(1) 拆卸

① 断开蓄电池负极电缆。

② 转动转向盘,拆卸上、下转向柱护板螺钉(图 3-2-1)。

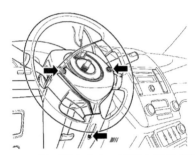

图 3-2-1 拆下转向盘上、下转向柱护板螺钉

③ 拆卸上、下转向柱护板。

④ 断开灯光组合开关线束连接器(图 3-2-2)。

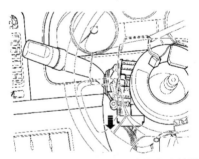

图 3-2-2 断开灯光组合开关线束连接器

⑤ 将开关外壳顶部的凸舌按下,拆卸灯光组合开关(图 3-2-3)。

(2) 安装

① 将灯光组合开关卡入开关座(图 3-2-4)。

> 第3章 照明系统

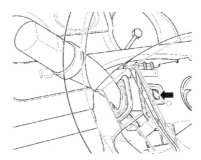

图 3-2-3 开关外壳顶部的凸舌及灯光组合开关

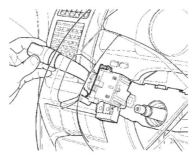

图 3-2-4 灯光组合开关卡入开关座

② 参照图 3-2-2 连接灯光组合开关线束连接器。

③ 参照图 3-2-1 安装转向柱盖板,并紧固盖板螺钉,力矩为 8.8N·m。连接蓄电池负极电缆。

3.2.2 前照灯的更换

(1) 拆卸

① 断开蓄电池负极电缆。拆下前保险杠。断开前照灯总成线束连接器。

② 拆卸螺栓和前照灯总成(图 3-2-5)。

③ 拧下前照灯灯泡罩盖。断开前照灯灯泡连接器。拆卸前照灯灯泡。

(2) 安装

① 安装前照灯灯泡(图 3-2-6)。连接前

拆卸右前大灯

照灯灯泡连接器。拧上前照灯灯泡罩盖。

② 参照图 3-2-5 安装前照灯总成并紧固固定螺栓,力矩为 8.8N·m。

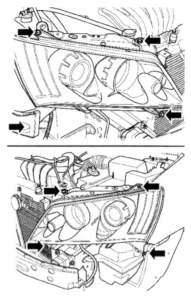

图 3-2-5 拆卸螺栓和前照灯总成

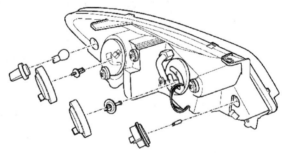

图 3-2-6 安装前照灯灯泡

③ 按入前照灯总成线束连接器(图 3-2-7)。

④ 按入插头卡销(图 3-2-8)。安装前保险杠。连接蓄电池负极电缆。

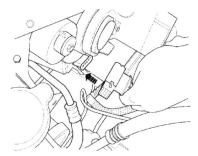

图 3-2-7　按入前大灯总成线束连接器

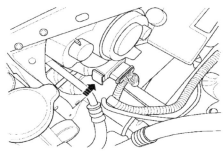

图 3-2-8　按入插头卡销

3.2.3　后雾灯开关的更换

（1）拆卸

① 断开蓄电池负极电缆。拆卸点烟器面板。断开后雾灯、点烟器、取电器的线束连接器。

② 从点烟器面板中退出后雾灯开关（图3-2-9）。

（2）安装

① 安装后雾灯开关。

② 连接后雾灯、点烟器、取电器的线束连线器。

③ 安装点烟器面板。

雾灯电路的检测

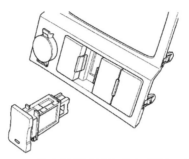

图 3-2-9 从点烟器面板中退出后雾灯开关

④ 连接蓄电池负极电缆。

3.2.4 前雾灯的更换

雾灯的拆装

（1）拆卸

① 断开蓄电池负极电缆。拆卸发动机下护板。

② 断开前雾灯总成线束连接器（图 3-2-10）。

③ 拆下前雾灯总成固定螺栓（图 3-2-11）。拆下前雾灯总成。从前雾灯总成上拧松并拆下灯泡。

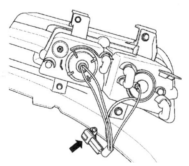

图 3-2-10 断开前雾灯总成线束连接器

（2）安装

① 把更换的灯泡插入并拧紧前雾灯总成。

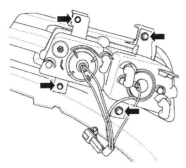

图 3-2-11　拆下前雾灯总成固定螺栓

② 参照图 3-2-11 紧固前雾灯总成固定螺栓。
③ 参照图 3-2-10 连接前雾灯总成线束连接器。
④ 安装发动机下护板。
⑤ 连接蓄电池负极电缆。

3.2.5　后雾灯的更换

(1) 拆卸

① 断开蓄电池负极电缆。拆卸后保险杠。
② 断开后雾灯总成线束连接器。拆卸固定后雾灯总成的螺栓（图 3-2-12）。拧出灯泡。

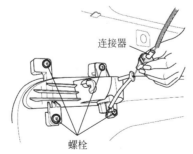

图 3-2-12　拆卸固定后雾灯总成的螺栓

(2) 安装

① 把灯泡拧入后雾灯总成中（图 3-2-13）。
② 安装后雾灯总成（图 3-2-14），力矩为 5.5N·m。

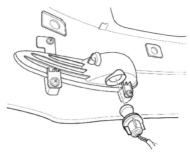

图 3-2-13 灯泡拧入后雾灯总成

③ 连接后雾灯总成线束连接器（图 3-2-15）。安装后保险杠。连接蓄电池负极电缆。

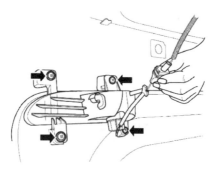

图 3-2-14 安装后雾灯总成

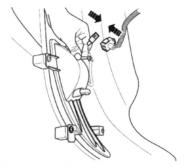

图 3-2-15 连接后雾灯总成线束连接器

3.2.6 后组合灯的更换

(1) 拆卸

① 断开蓄电池负极电缆。拆除行李厢内侧饰板。

② 断开后组合灯总成线束连接器（图3-2-16）。

③ 拆卸后组合灯总成固定螺栓（图3-2-17）。

后组合灯总成的拆装

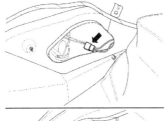

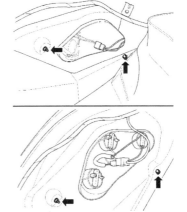

图3-2-16 断开后组合灯总成线束连接器

图3-2-17 拆卸后组合灯总成固定螺栓

④ 拉出后组合灯总成（图3-2-18）。

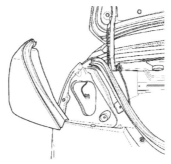

图3-2-18 拉出后组合灯总成

⑤ 拧开后组合灯总成后盖，拆卸灯泡。

（2）安装

① 将灯泡装入后组合灯总成，拧上后盖。

② 参照图 3-2-17 安装后组合灯总成，力矩为 3N·m。

③ 连接后组合灯总成线束连接器（图 3-2-19）。安装行李厢内侧饰板。连接蓄电池负极电缆。

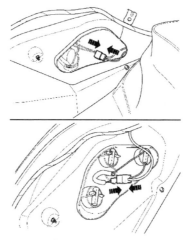

图 3-2-19　连接后组合灯总成线束连接器

④ 若只对后组合灯灯泡进行更换，可直接打开后组合灯总成饰盖进行。

3.2.7　牌照灯的更换

（1）拆卸

① 断开蓄电池负极电缆。拆卸行李厢内饰板。

② 断开牌照灯线束连线器（图 3-2-20）。拆卸行李厢门饰条。

③ 按住牌照灯的卡舌，将牌照灯卸下。拧出牌照灯灯泡（图 3-2-21）。

（2）安装

① 参照图 3-2-21 安装牌照灯灯泡。参照图 3-2-21 将牌照灯按入行李厢安装孔。安装行李厢门饰条。

② 参照图 3-2-20 连接牌照灯线束连接器。装配行李厢内饰板。连接蓄电池负极电缆。

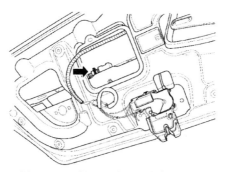

图 3-2-20　断开后牌照灯线束连线器

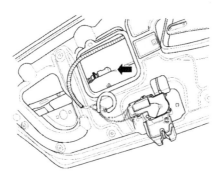

图 3-2-21　拧出后牌照灯灯泡

3.2.8　变光组合开关的更换

(1) 拆卸

① 断开蓄电池负极电缆。
② 拆卸仪表板变光组合开关（图 3-2-22）。
③ 断开变光组合开关线束连接器。
④ 退出变光组合开关。

(2) 安装

① 安装变光组合开关。

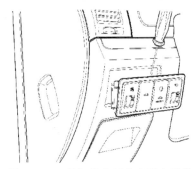

图 3-2-22　拆卸仪表板变光组合开关

② 连接变光组合开关线束连线器。
③ 将变光组合开关面板装入仪表板中。
④ 连接蓄电池负极电缆。

3.2.9　环境光及阳光传感器的更换

（1）拆卸

① 断开蓄电池负极电缆。
② 从仪表板上拆卸环境光及阳光传感器（图 3-2-23）。
③ 断开环境光及阳光传感器的线束连接器。

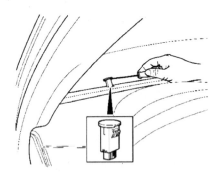

图 3-2-23　拆卸仪表板上环境光及阳光传感器

（2）安装

① 连接环境光及阳光传感器的线束连接器。
② 将环境光及阳光传感器按入仪表板中。

③ 连接蓄电池负极电缆。

3.3 车内灯

3.3.1 顶灯和阅读灯的更换

(1) 前顶灯的拆卸

① 断开蓄电池负极电缆。打开眼镜盒，拆卸螺钉（图 3-3-1）。

图 3-3-1 拆卸眼镜盒螺钉

② 取下前顶灯，断开线束连线器并拧出灯泡（图 3-3-2）。

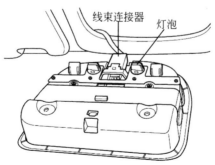

图 3-3-2 断开线束连线器并拧出灯泡

(2) 前顶灯的安装

① 参照图 3-3-2 安装灯泡，连接线束连线器。
② 参照图 3-3-1 安装前顶灯并紧固固定螺钉，力矩为 3N·m。

连接蓄电池负极电缆。

(3) 后顶灯和阅读灯的拆卸

① 断开蓄电池负极电缆。将专用工具插入后顶灯灯罩边缘的槽内，拆卸灯罩。

② 拆卸螺钉和门控灯外壳（图3-3-3）。

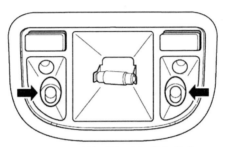

图3-3-3　拆卸螺钉和门控灯外壳

③ 断开后顶灯线束连线器并拧出灯泡（图3-3-4）。

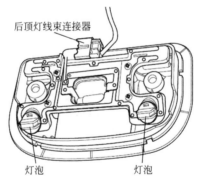

图3-3-4　断开后顶灯线束连线器并拧出灯泡

(4) 后顶灯和阅读灯的安装

① 参照图3-3-4安装灯泡。

② 参照图3-3-4连接线束连接器。

③ 安装门控灯外壳，力矩为2N·m。

④ 参照图3-3-3将后顶灯灯罩按压到外壳上。

⑤ 连接蓄电池负极电缆。

3.3.2 车门灯的更换

（1）拆卸

① 用旋具轻轻撬开车门灯灯罩（图 3-3-5）。

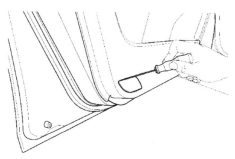

图 3-3-5　拆卸车门灯灯罩

② 拆卸车门灯灯泡（图 3-3-6）。

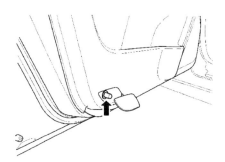

图 3-3-6　拆卸车门灯灯泡

（2）安装

① 参照图 3-3-6 安装车门灯灯泡。
② 参照图 3-3-5 安装车门灯灯罩。

3.3.3 化妆照明灯的更换

（1）拆卸

① 拆卸化妆照明灯灯罩（图 3-3-7）。
② 拆卸化妆照明灯灯泡（图 3-3-7）。

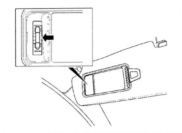

图 3-3-7　拆卸化妆照明灯灯罩和灯泡

（2）安装

① 参照图 3-3-7 安装化妆照明灯灯泡。
② 参照图 3-3-7 按入化妆照明灯灯罩。

第 4 章
电动辅助装置

4.1 电动座椅

4.1.1 原理

驾驶员和乘员电动座椅系统各自包括以下部件：电动座椅调节开关、电动座椅加热开关、电动座椅加热继电器、电动座椅前后调节电机、电动座椅高度调节电机、电动座椅靠背调节电机和电动座椅加热器。

（1）座椅调节开关

座椅调节开关为所选座椅电机提供电源和搭铁电路，驱动电机进行调节。

（2）电机

所有的座椅电机独立工作。各电机都包括一个电子断路器（PTC）。该断路器在电路过载情况下断开，而且仅在电路电压切断后才会复位。共有三个座椅调节电机。它们是前后调节电机、高度调节电机和靠背调节电机。前后调节电机可以使整个座椅向前和向后移动。高度调节电机可以使整个座椅向上或者向下移动。靠背调节电机可以使靠背前倾或者后倾。

（3）前后调节

当操作座椅调节开关使整个座椅向前移动时，蓄电池正极电压通过前后调节电机向前开关触点和前后调节电机向前控制电路施加至电机，电机通过前后调节电机向后开关触点和前后调节电机向后控制电路搭铁。电机运行以驱动整个座椅向前移动，直到开关松开便停止工作。向后移动整个座椅和向前移动整个座椅的操作过程类似，不同的是蓄电池正极电压和搭铁通过相反的电路施加到电机上，从而使电机反向运转。

(4) 高度调节

当操作座椅调节开关使整个座椅向上移动时，蓄电池正极电压通过高度调节电机向上开关触点以及高度调节电机向上控制电路施加在高度调节电机上，电机通过高度调节电机向下开关触点以及高度调节电机向下控制电路搭铁。高度调节电机驱动整个座椅向上移动，直到开关松开。向下移动座椅和向上移动座椅的操作过程类似，不同的是蓄电池正极电压和搭铁通过相反的电路施加到电机上，从而使电机反向运转。

(5) 靠背调节

当操作座椅调节开关使座椅靠背向前倾斜时，蓄电池正极电压通过靠背调节电机向前开关触点和靠背调节电机向前控制电路施加到电机上，电机通过靠背调节电机向后开关触点和靠背调节电机向后控制电路搭铁。电机运行，使座椅靠背向前移动，直到开关松开。向后移动座椅靠背和向前移动座椅靠背的操作过程类似，不同的是蓄电池正极电压和搭铁通过相反的电路施加到电机上，从而使电机反向运转。

电动座椅电气原理示意图如图 4-1-1 所示。

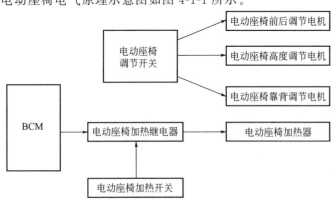

图 4-1-1 电动座椅电气原理示意图

4.1.2 位置图

(1) 电动座椅开关部件位置 (图 4-1-2)

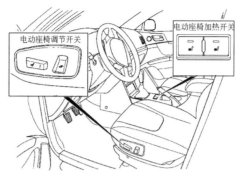

图 4-1-2 电动座椅开关部件位置

(2) 电动座椅分解图 (图 4-1-3)

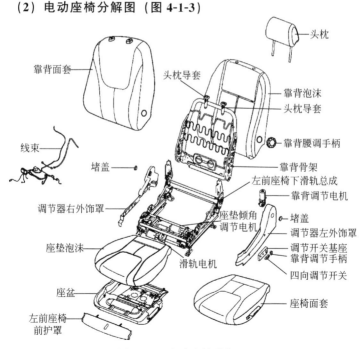

图 4-1-3 电动座椅分解图

电动座椅拆装

4.1.3 拆装及更换

(1) 前电动座椅的更换

① 拆卸

a. 断开蓄电池负极电缆。

b. 拆卸座椅前部固定螺栓(图4-1-4)。

c. 拆卸座椅后部固定螺栓(图4-1-5)。

d. 将座椅轻轻翻起,小心不要拉扯以免拉断导线。断开座椅底部线束连接器(图4-1-6)。

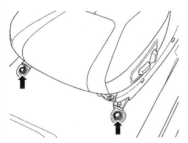

图4-1-4 拆卸座椅前部固定螺栓

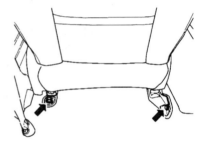

图4-1-5 拆卸座椅后部固定螺栓

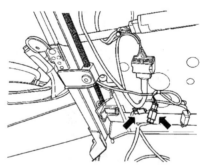

图4-1-6 断开座椅底部线束连接器

e. 移出座椅。

② 安装

a. 安装座椅。

b. 参照图4-1-6连接座椅底部线束连接器。

c. 参照图 4-1-4 安装座椅前部固定螺栓，力矩为 47N·m。
d. 参照图 4-1-5 安装座椅后部固定螺栓，力矩为 47N·m。
e. 连接蓄电池负极电缆。

（2）座椅侧饰板的更换

① 拆卸

a. 拆卸电动座椅。

b. 拆卸座椅侧饰板螺钉（图 4-1-7）。

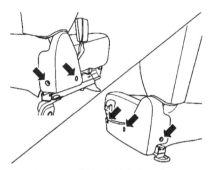

图 4-1-7 拆卸座椅侧饰板螺钉

② 安装

a. 安装座椅侧饰板并用紧固螺钉（图 4-1-8），力矩为 3.5N·m。

b. 安装电动座椅。

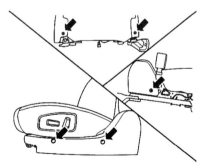

图 4-1-8 安装座椅侧饰板并用紧固螺钉

（3）电动座椅靠背调节电机的更换

① 拆卸

a. 拆卸电动座椅。
b. 拆卸座椅侧饰板。
c. 断开调节电机线束连接器（图 4-1-9）。
d. 拆卸调节电机固定螺栓并抽出调节电机（图 4-1-10）。

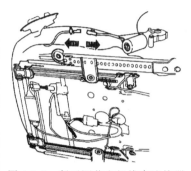 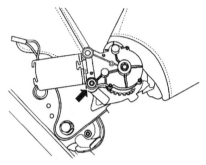

图 4-1-9　断开调节电机线束连接器　　　图 4-1-10　拆卸调节电机固定螺栓并抽出调节电机

② 安装

a. 插入电机并紧固调节电机固定螺栓（图 4-1-11），力矩为 10N·m。

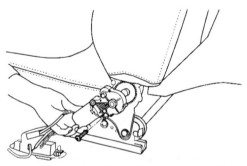

图 4-1-11　插入电机并紧固调节电机固定螺栓

b. 参照图 4-1-9 连接调节电机线束连接器。
c. 安装座椅侧饰板。
d. 安装电动座椅。

(4) 电动座椅靠背的更换

① 拆卸

a. 拆卸电动座椅。

b. 拆卸座椅侧饰板。

c. 拆卸电动座椅靠背调节电机。

d. 拆卸座椅座套拉紧扣（图 4-1-12）。

e. 拆卸左侧座椅靠背固定螺栓（图 4-1-13）。

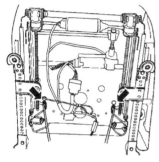

图 4-1-12　拆卸座椅座套拉紧扣　　图 4-1-13　拆卸左侧座椅靠背固定螺栓

f. 拆卸右侧座椅靠背固定螺栓（图 4-1-14）。

g. 取出座椅靠背（图 4-1-15）。

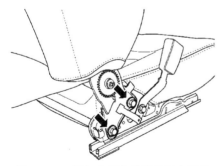 

图 4-1-14　拆卸右侧座椅靠背固定螺栓　　图 4-1-15　取出座椅靠背

② 安装

a. 安装座椅靠背。

b. 安装左侧座椅靠背固定螺栓,力矩为 30N·m。

c. 安装右侧座椅靠背固定螺栓,力矩为 30N·m。

d. 参照图 4-1-12 拉紧座椅座套,安装拉紧扣。

e. 安装电动座椅靠背调节电机。

f. 安装座椅侧饰板。

g. 安装电动座椅。

(5) 前座椅腰部支撑旋钮的更换

① 拆卸　拔出腰部支撑旋钮(图 4-1-16)。

② 安装　参照图 4-1-16 按入腰部支撑旋钮。

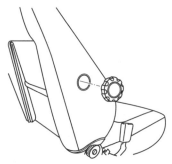

图 4-1-16　拔出腰部支撑旋钮

(6) 电动座椅座垫的更换

① 拆卸

a. 拆卸电动座椅调节器总成(加热垫和座垫一体)(图 4-1-17)。

图 4-1-17　拆卸电动座椅调节器总成

b. 拆卸座椅调节开关面板，抽出座椅调节开关线束（图4-1-18）。

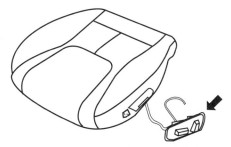

图 4-1-18　抽出座椅调节开关线束

② 安装

a. 参照图4-1-18穿入座椅调节开关线束，安装座椅调节开关面板。

b. 参照图4-1-17安装电动座椅调节器总成。

(7) 座椅加热开关的更换

① 拆卸

a. 断开蓄电池负极电缆。

b. 拆卸座椅加热开关面板（图4-1-19）。

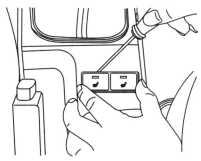

图 4-1-19　拆卸座椅加热开关面板

c. 断开座椅加热开关线束连接器。

d. 推出座椅加热开关（图4-1-20）。

② 安装

a. 参照图4-1-20按入座椅加热开关。

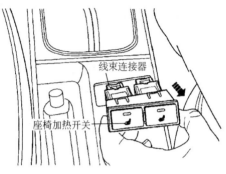

图4-1-20 推出座椅加热开关

b. 连接座椅加热开关的线束连接器。
c. 安装座椅加热开关面板。
d. 连接蓄电池负极电缆。

(8) 电动座椅支架总成的更换
① 拆卸
a. 拆卸电动座椅。
b. 拆卸电动座椅侧饰板。
c. 拆卸电动座椅靠背调节电机。
d. 拆卸电动座椅靠背。
e. 拆卸安全带卡扣（图4-1-21），抽出安全带警告开关线束。
f. 拆卸线束固定卡扣，断开座椅调节开关与座垫调节电机间的线束连接器（图4-1-22）。

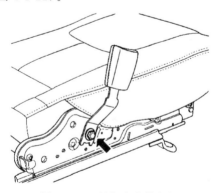

图4-1-21 拆卸安全带卡扣

第 4 章 电动辅助装置

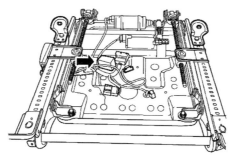

图 4-1-22 断开座椅调节开关与座垫调节电机间的线束连接器

g. 拆卸座垫与座椅调节器总成间的固定螺母（图 4-1-23）。

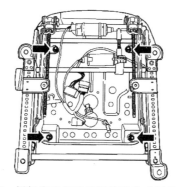

图 4-1-23 拆卸座垫与座椅调节器总成间的固定螺母

h. 分离座垫和座椅调节器总成（图 4-1-24）。

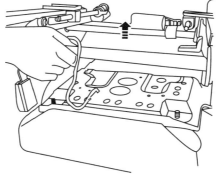

图 4-1-24 分离座垫和座椅调节器总成

② 安装

a. 组合座垫和座椅调节器总成。

b. 安装座垫和座椅调节器总成间的固定螺母。

c. 连接座椅调节开关与座垫调节电机间的线束连接器,安装线束固定卡扣。

d. 放入安全带警告开关线束,安装安全带卡扣。

e. 安装电动座椅靠背。

f. 安装电动座椅靠背调节电机。

g. 安装电动座椅侧饰板。

h. 安装电动座椅。

4.1.4 故障诊断

(1) 电动座椅不能前后调整

电动座椅不能前后调整线路简图如图 4-1-25 所示,诊断流程如图 4-1-26 所示。

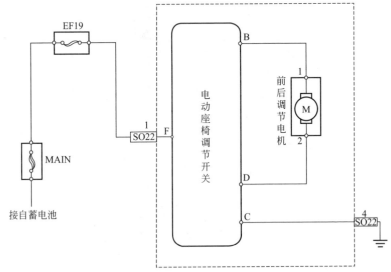

图 4-1-25 电动座椅不能前后调整线路简图

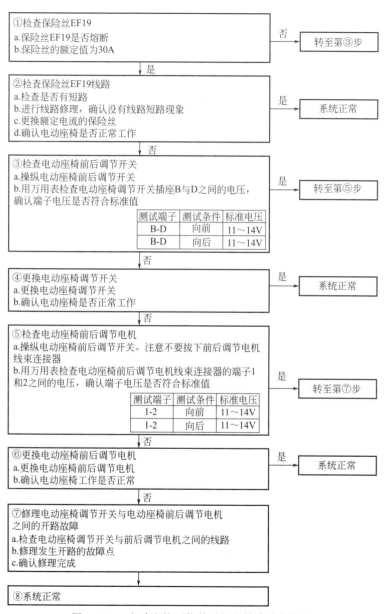

图 4-1-26　电动座椅不能前后调整故障诊断流程

（2）电动座椅高度不能调整

电动座椅高度不能调整线路简图如图 4-1-27 所示，诊断流程如图 4-1-28 所示。

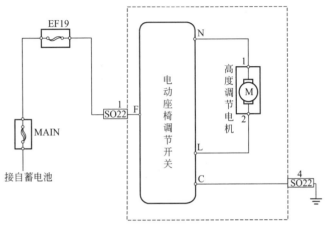

图 4-1-27　电动座椅高度不能调整线路简图

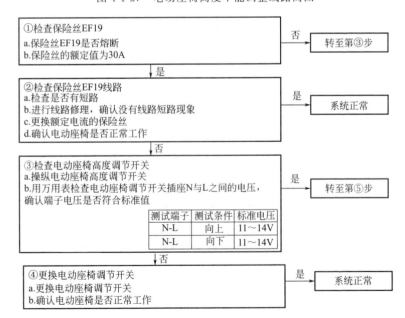

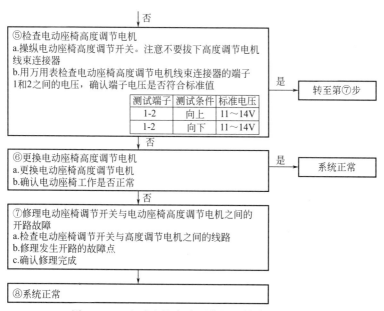

图 4-1-28 电动座椅高度不能调整故障诊断流程

(3) 电动座椅靠背不能调整

电动座椅靠背不能调整线路简图如图 4-1-29 所示，诊断流程如图 4-1-30 所示。

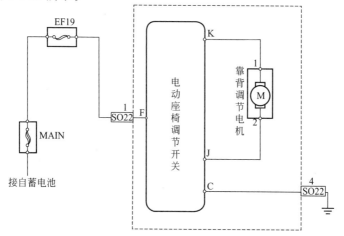

图 4-1-29 电动座椅靠背不能调整线路简图

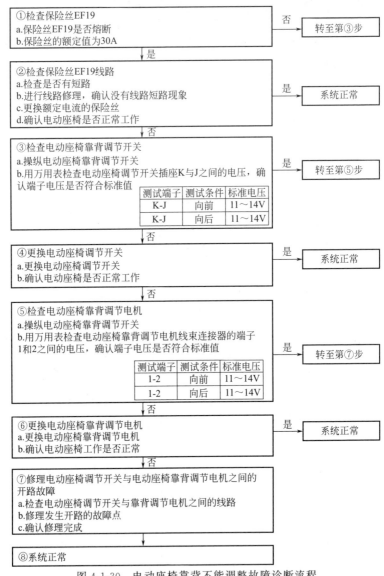

图 4-1-30　电动座椅靠背不能调整故障诊断流程

(4) 左前电动座椅不能加热

左前电动座椅不能加热线路简图如图 4-1-31 所示，诊断流程如图4-1-32所示。

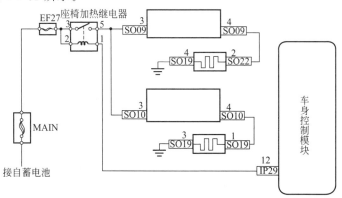

图4-1-31 左前电动座椅不能加热线路简图

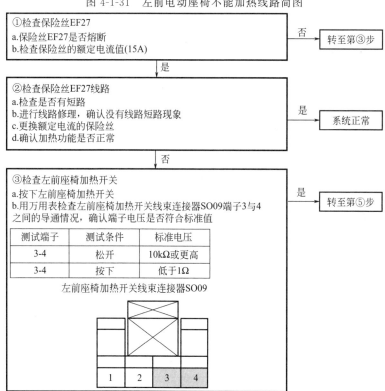

图4-1-32

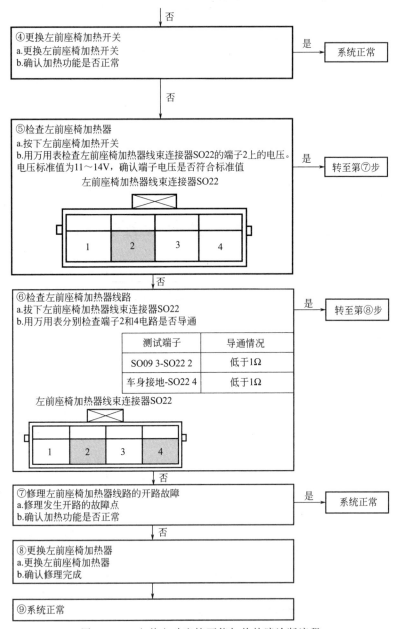

图 4-1-32 左前电动座椅不能加热故障诊断流程

右前电动座椅不能加热的故障诊断流程与左前电动座椅不能加热的故障诊断流程类似。

4.2 电动后视镜

4.2.1 原理

车外后视镜由驾驶员侧车门的开关来电控。后视镜有3个控制器，左右选择开关选择所需操作的后视镜，方向按钮开关用于调整后视镜玻璃的位置，车外后视镜的镜面玻璃内还有加热元件，当按下后窗除雾器开关时，车外后视镜加热元件也将工作。

4.2.2 位置图

电动外后视镜总成位置如图4-2-1所示。

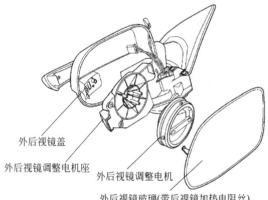

图4-2-1 电动外后视镜总成位置

外后视镜拆装

4.2.3 拆装及更换

（1）外后视镜的更换

① 拆卸

a. 断开蓄电池负极电缆。

b. 拆卸前门三角内饰板。

c. 拆开前门内扶手固定螺钉装饰盖（图4-2-2）。

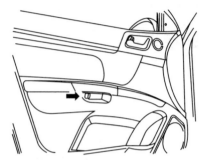

图4-2-2 拆开前门内扶手固定螺钉装饰盖

d. 拆开前门内把手固定螺钉装饰盖（图4-2-3）。

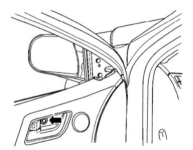

图4-2-3 拆开前门内把手固定螺钉装饰盖

e. 拆卸前门内饰板固定螺钉，注意门饰板下侧有两个固定螺钉（图4-2-4）。

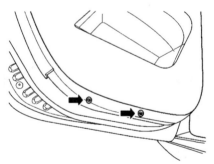

图4-2-4 拆卸前门内饰板下侧两个固定螺钉

f. 拆卸门内饰板,注意不要损坏内饰板内的线束连接器(图 4-2-5)。

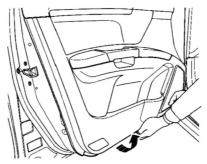

图 4-2-5　拆卸门内饰板

g. 断开前门高音扬声器线束连接器(图 4-2-6)。

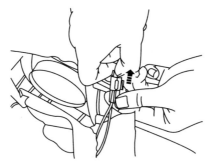

图 4-2-6　断开前门高音扬声器线束连接器

h. 断开前窗玻璃升降开关线束连接器(图 4-2-7),取下前门内饰板。

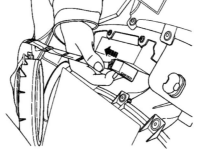

图 4-2-7　断开前窗玻璃升降开关线束连接器

i.断开外后视镜线束连接器（图4-2-8），松开外后视镜支架固定螺母。

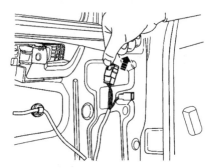

图4-2-8 断开外后视镜线束连接器

j.留下顶端的一个螺母，并拆除其他两个后视镜支架固定螺母。

k.抓住外后视镜拆除剩余的一个固定螺母。

l.取下外后视镜总成（图4-2-9）。

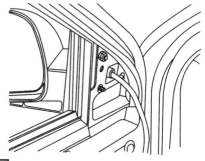

图4-2-9 取下外后视镜总成

内后视镜拆装

② 安装　按照与拆卸相反的顺序进行。

(2) 内后视镜的更换

① 拆卸

a.将内后视镜从固定支架上拆下。

b.拆卸内后视镜固定支架（图4-2-10），注意内后视支架采用特殊粘接剂粘接在风窗玻璃上。

② 安装

a. 使用专用清洁剂清洁内后视镜支架安装位置玻璃内侧表面。

b. 按粘接剂要求涂抹粘接剂。

c. 将后视镜支架定位在预先标记的位置,用恒定压力将支架压在玻璃上1~2min。

d. 5min后使用专用清洗剂清除多余的粘接剂。

e. 安装车内后视镜（图4-2-11）。

图 4-2-10 拆卸内后视镜固定支架

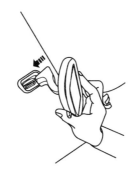

图 4-2-11 安装车内后视镜

(3) 电动后视镜调整电机的更换

① 拆卸

a. 断开蓄电池负极电缆。

b. 拆卸外后视镜镜片（图4-2-12）。

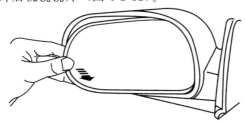

图 4-2-12 拆卸外后视镜镜片

c. 断开外后视镜除霜线束连接器。
d. 拆卸电动后视镜调整电机固定螺钉（图 4-2-13）。

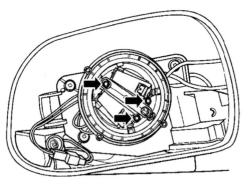

图 4-2-13　拆卸电动后视镜调整电机固定螺钉

e. 将电动后视镜调整电机从电动后视镜调整电机座上取下。
f. 断开电动后视镜调整电机线束连接器（图 4-2-14）。

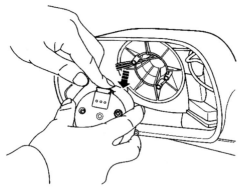

图 4-2-14　断开电动后视镜调整电机线束连接器

② 安装　按照与拆卸相反的顺序进行。

4.2.4　故障诊断

电动后视镜不能调整线路简图如图 4-2-15 所示，诊断流程如图 4-2-16 所示。

第4章 电动辅助装置

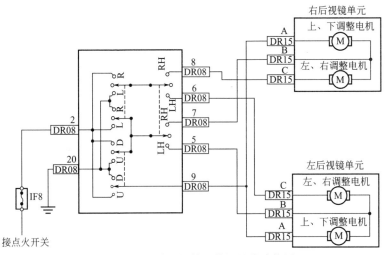

图 4-2-15　电动后视镜不能调整线路简图

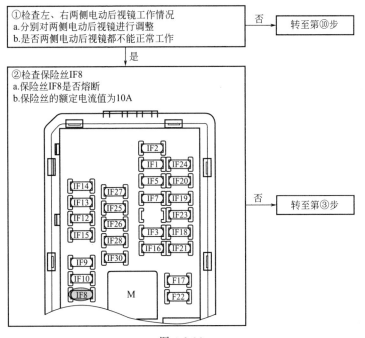

图 4-2-16

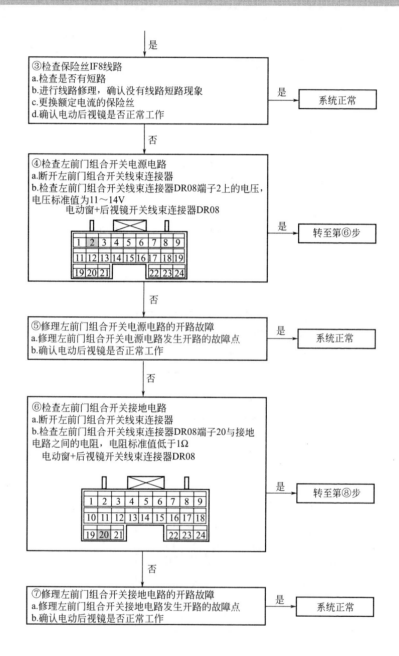

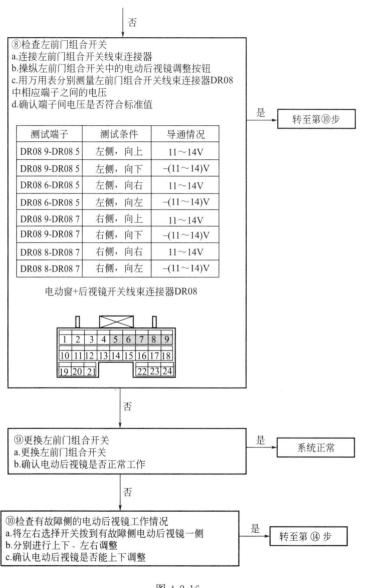

图 4-2-16

↓否

⑪检查有故障侧电动后视镜上下控制信号电路
a.操纵左前门组合开关中的电动后视镜上下调整按钮
b.同时用万用表检查有故障侧电动后视镜线束连接器DR05(左侧)或DR15(右侧)的端子A和B之间的电压
c.确认端子间电压是否符合标准值

测试端子	测试条件	导通情况
DR05A-DR05B	向上	11～14V
DR05A-DR05B	向下	-(11～14)V
DR15A-DR15B	向上	11～14V
DR15A-DR15B	向下	-(11～14)V

驾驶员侧后视镜线束连接器DR05
前乘员侧后视镜线束连接器DR15

是 → 转至第⑬步

↓否

⑫修理有故障侧电动后视镜上下控制信号电路的开路故障
a.修理有故障侧电动后视镜上下控制信号电路发生开路的故障点
b.确认电动后视镜是否正常工作

是 → 系统正常

↓否

⑬更换有故障侧电动后视镜电机总成
a.更换有故障侧电动后视镜电机总成
b.确认电动后视镜是否能左右调整

是 → 系统正常

↓否

⑭检查有故障侧电动后视镜左右控制信号电路
a.操纵左前门组合开关中的电动后视镜左右调整按钮
b.同时用万用表检查有故障侧电动后视镜线束连接器DR05(左侧)或DR15(右侧)的端子C和B之间的电压
c.确认端子间电压是否符合标准值

测试端子	测试条件	导通情况
DR05 C-DR05 B	向右	11～14V
DR05 C-DR05 B	向左	-(11～14)V
DR15 C-DR15 B	向右	11～14V
DR15 C-DR15 B	向左	-(11～14)V

驾驶员侧后视镜线束连接器DR05
前乘员侧后视镜线束连接器DR15

是 → 转至第⑯步

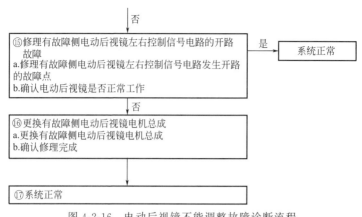

图 4-2-16 电动后视镜不能调整故障诊断流程

4.3 电动车窗

4.3.1 原理

(1) 玻璃升降器的说明与操作

防夹升降器具有以下四种操作方式：手动上升；手动下降；自动上升；自动下降。不防夹升降器具有以下两种操作方式：手动上升；手动下降。

手动上升：轻轻上拉左前车门玻璃升降开关（拉起保持时间小于 500ms），左前车窗手动上升；其余车窗的操作与之相同。

手动下降：轻轻按下左前车门玻璃升降开关（按下保持时间小于 500ms），左前车窗手动下降；其余车窗的操作与之相同。

自动上升：完全上拉左前车门玻璃升降开关（上拉保持时间大于 500ms），左前车窗自动上升到顶，或一直上升到再次按下或上拉开关为止；其余车窗的操作与之相同。

自动下降：完全按下左前车门玻璃升降开关（按下保持时间大于 500ms），左前车窗自动下降到底，或一直下降到再次按下或上拉开关为止；其余车窗的操作与之相同。

延时功能：点火开关打开，允许玻璃升降操作，点火开关关闭

90s后,控制器电源将被切断,禁止玻璃升降操作。

防夹功能:玻璃升降控制模块配有一个集成的障碍检测/防夹系统,防夹系统在车窗所有裸露边缘和车窗密封之间的采光口4~200mm内工作,车窗防夹的要求是已初始化的车窗在自动上升过程中,在顶部任何位置遇到4mm的检具都应防夹即反向运动。

舒适性关闭功能(如装备防夹功能):舒适性关闭就是通过一个LIN通信来自动关闭车窗,一旦接收到舒适性关闭命令,所有车窗会依次向上移动,直至车窗到达行程终点(车窗完全关闭位置),启动的顺序和延时要求会由软件实现,在舒适性关闭期间,来自车窗开关的信号将被忽略,并且防夹功能处于激活状态。

电机保护关闭(如装备防夹功能):若电机连续运行时间超过20s,则控制模块关闭并失去初始化。

自适应学习(如装备防夹功能):系统具备在整个车辆寿命内适应车辆特性和环境条件的能力,如密封件的磨损。

软件热保护(如装备防夹功能):控制模块通过一个热保护算法提供保护,防止升降电机过热,当在防夹期间触发热保护程序时,系统将完成车窗反向运行动作,但将忽略向上的任何新车窗命令,直至电机彻底冷却。

(2)电气原理示意图

电动车窗系统电气原理示意图如图4-3-1所示。

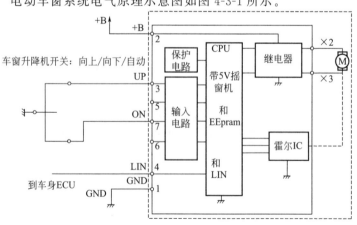

图4-3-1 电动车窗系统电气原理示意图

4.3.2 位置图

（1）电动车窗升降控制模块（不带防夹）部件位置（图4-3-2）

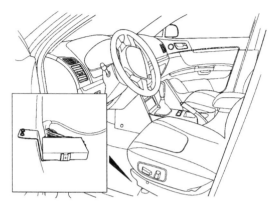

图4-3-2 电动车窗升降控制模块（不带防夹）部件位置

（2）玻璃升降器、后视镜部件位置（图4-3-3）

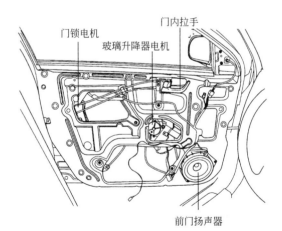

图4-3-3 玻璃升降器、后视镜部件位置

（3）左前门组合开关部件位置（图4-3-4）

（4）玻璃升降器总成部件位置（图4-3-5）

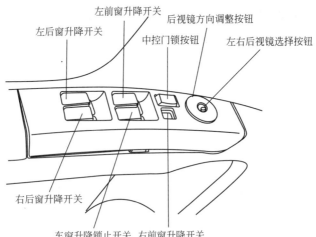

图 4-3-4 左前门组合开关部件位置

图 4-3-5 玻璃升降器总成部件位置

4.3.3 拆装及更换

(1) 左前玻璃升降开关的更换

① 拆卸 如图 4-3-6 所示。

a. 断开蓄电池负极电缆。

b. 拆卸左前门内饰板。

c. 拆卸左前玻璃升降开关面板与门内饰板固定螺钉,取下开关面板。

玻璃升降开关和前门内饰板的拆装

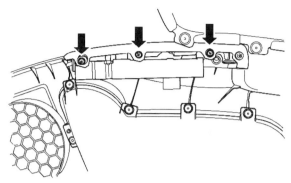

图 4-3-6 拆卸左前玻璃升降开关

d. 拆卸左前玻璃升降开关固定螺钉。
e. 将开关从面板上取下。
② 安装　如图 4-3-7 所示。

图 4-3-7 安装左前玻璃升降开关

a. 将左前玻璃升降开关安装到面板上。
b. 安装左前玻璃升降开关与门内饰板固定螺钉。
c. 安装左前门内饰板。
d. 连接蓄电池负极电缆。

（2）前门玻璃升降器的更换
① 拆卸
a. 断开蓄电池负极电缆。
b. 拆卸前门内饰板。
c. 拆卸前门玻璃内密封条（图 4-3-8）。
d. 将前门内把手从卡槽中移出（图 4-3-9）。
e. 拆卸前门挡水膜。
f. 用细铁棒顶住升降器滑块以松开玻璃，否

车窗升降器的拆装

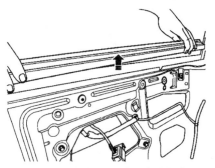

图 4-3-8 拆卸前门玻璃内密封条

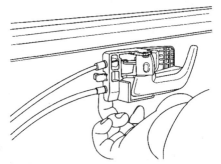

图 4-3-9 将前门内把手从卡槽中移出

则无法拆卸玻璃。

　　g. 从前门上取下前门玻璃。

　　h. 断开玻璃升降器线束连接器（图 4-3-10）。

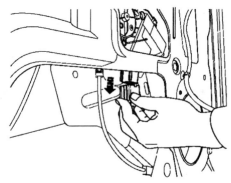

图 4-3-10 断开玻璃升降器线束连接器

i. 拆卸玻璃升降器固定螺母、螺栓（图 4-3-11）。
j. 从门板中取出玻璃升降器总成。

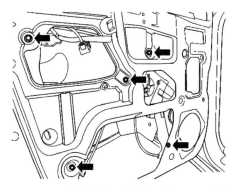

图 4-3-11　拆卸玻璃升降器固定螺母、螺栓

② 安装
a. 参照图 4-3-11 用螺母、螺栓紧固车窗升降器。
b. 参照图 4-3-10 连接玻璃升降器线束连接器。
c. 安装前门挡水膜。
d. 将玻璃安装入车门并调整玻璃与玻璃升降器位置。注意位置调整不正确会导致玻璃无法正确固定。
e. 安装前门玻璃内密封条（图 4-3-12）。

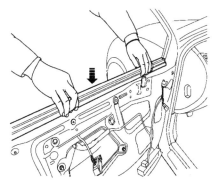

图 4-3-12　安装前门玻璃内密封条

f. 参照图 4-3-9 将前门内把手装入卡槽内。

g. 安装前门内饰板。
h. 连接蓄电池负极电缆。
（3）左前玻璃升降器电机的更换
① 拆卸
a. 断开蓄电池负极电缆。
b. 拆卸左前玻璃升降器总成。
c. 拆卸左前玻璃升降器电机固定螺钉（图4-3-13）。

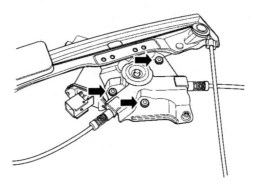

图4-3-13　拆卸左前玻璃升降器电机固定螺钉

d. 将玻璃升降器电机从玻璃升降器上取下（图4-3-14）。

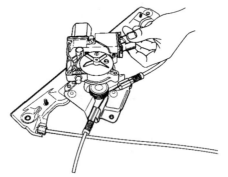

图4-3-14　将玻璃升降器电机从玻璃升降器上取下

② 安装
a. 将玻璃升降器电机安装到玻璃升降器上。

b. 参照图4-3-13安装左前玻璃升降器电机固定螺钉,力矩为2N·m。

c. 安装左前玻璃升降器总成。

d. 连接蓄电池负极电缆。

(4) 后门玻璃升降器的更换

① 拆卸

a. 断开蓄电池负极电缆。

b. 拆开后门内扶手、内把手固定螺钉装饰盖并拆卸固定螺钉(图4-3-15)。

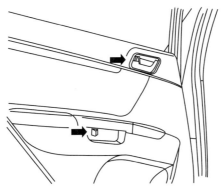

图4-3-15 拆开后门内扶手、内把手固定螺钉装饰盖并拆卸固定螺钉

c. 拆卸后门内饰板下侧固定螺钉(图4-3-16)。

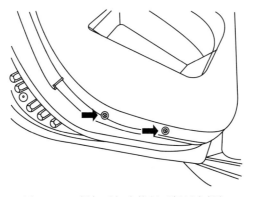

图4-3-16 拆卸后门内饰板下侧固定螺钉

d.拆卸后门内饰板,注意不要损坏内饰板内的线束连接器(图 4-3-17)。

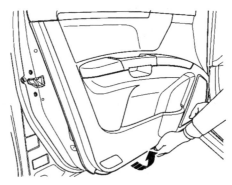

图 4-3-17　拆卸后门内饰板

e.断开后门玻璃升降器开关线束连接器(图 4-3-18)并取下后门内饰板。

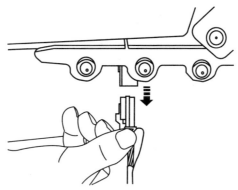

图 4-3-18　断开后门玻璃升降器开关线束连接器

f.拆卸后门玻璃内密封条(图 4-3-19)。

g.拆卸后门玻璃外密封条总成两侧固定螺钉,注意忘记拆卸此螺钉会损坏后门玻璃外密封条总成(图 4-3-20)。

h.取下后门玻璃外密封条总成(图 4-3-21)。

i.拆卸后门玻璃导槽。

第4章 电动辅助装置

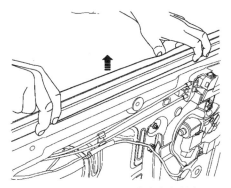

图 4-3-19　拆卸后门玻璃内密封条

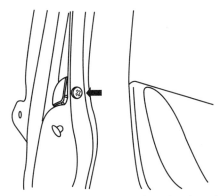

图 4-3-20　拆卸后门玻璃外密封条总成两侧固定螺钉

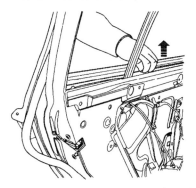

图 4-3-21　取下后门玻璃外密封条总成

j. 拆卸门窗隔板导轨上部固定螺栓（图 4-3-22）。

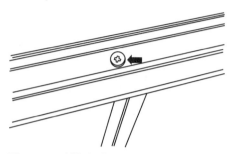

图 4-3-22　拆卸门窗隔板导轨上部固定螺栓

k. 拆卸门窗隔板导轨中部固定螺栓（图 4-3-23）。

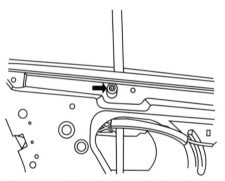

图 4-3-23　拆卸门窗隔板导轨中部固定螺栓

l. 拆卸门窗隔板导轨下部固定螺栓（图 4-3-24）。

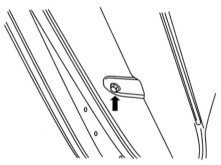

图 4-3-24　拆卸门窗隔板导轨下部固定螺栓

m. 取出门窗隔板导轨（图 4-3-25）。

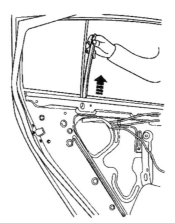

图 4-3-25　取出门窗隔板导轨

n. 拆卸后门挡水膜。
o. 用旋具顶出后门玻璃固定销（图 4-3-26），否则无法拆卸玻璃。

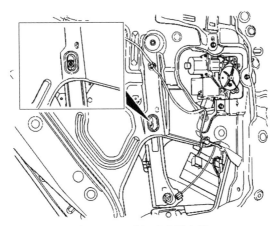

图 4-3-26　后门玻璃固定销

p. 小心向上取出后门玻璃（图 4-3-27）。
q. 断开后门玻璃升降器线束连接器（图 4-3-28）。

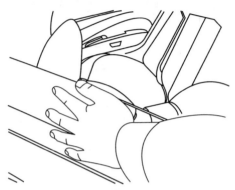

图 4-3-27 小心向上取出后门玻璃

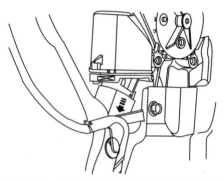

图 4-3-28 断开后门玻璃升降器线束连接器

r. 拆卸后门 2 个玻璃升降器固定螺母和 3 个固定螺栓（图 4-3-29）。
s. 取出后门玻璃升降器。

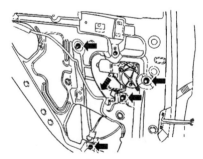

图 4-3-29 拆卸后门 2 个玻璃升降器固定螺母和 3 个固定螺栓

② 安装

a. 安装后门玻璃升降器（图 4-3-30）。

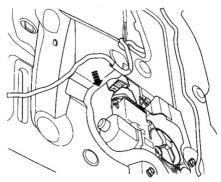

图 4-3-30　安装后门玻璃升降器

b. 参照图 4-3-29 安装后门玻璃升降器固定螺栓，力矩为 7～9N·m。

c. 参照图 4-3-28 连接后门玻璃升降器线束连接器。

d. 参照图 4-3-27 将玻璃安装入车门并调整玻璃与升降器的位置。

e. 参照图 4-3-26 将玻璃固定销装入玻璃升降器支座以固定玻璃。

f. 安装后门挡水膜。

g. 参照图 4-3-25 安装门窗隔板导轨，注意安装时旋转玻璃导轨，使玻璃侧边进入导轨内。

h. 参照图 4-3-22 安装门窗隔板导轨上部固定螺栓。

i. 参照图 4-3-23 安装门窗隔板导轨中部固定螺栓。

j. 参照图 4-3-24 安装门窗隔板导轨下部固定螺栓，力矩为 7～9N·m。

k. 将玻璃安装到后门玻璃导槽（图 4-3-31）。

l. 参照图 4-3-21 安装后门玻璃外密封条总成。

m. 参照图 4-3-20 紧固后门玻璃外密封条总成固定螺钉。

n. 参照图 4-3-19 安装后门玻璃内密封条。

o. 将后门内把手插入卡槽内。

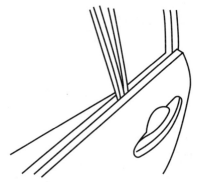

图 4-3-31 将玻璃安装到后门玻璃导槽

p. 安装后门玻璃升降器开关线束连接器（图 4-3-32）。

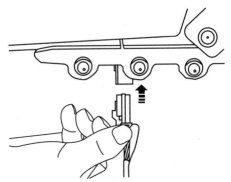

图 4-3-32 安装后门玻璃升降器开关线束连接器

q. 将后门内饰板卡扣安装到内饰板上。
r. 参照图 4-3-17 安装后门内饰板。
s. 紧固后门内饰板固定螺钉，力矩为 2N·m。
t. 参照图 4-3-15 安装后门内扶手固定螺钉装饰盖。
u. 参照图 4-3-15 安装后门内把手固定螺钉装饰盖。
v. 连接蓄电池负极电缆。

（5）后风窗玻璃的更换

① 拆卸

a. 拆卸蓄电池负极电缆。

b. 拆卸左/右后柱上装饰板总成。
c. 拆卸后置物台。
d. 断开后窗除雾器线束连接器（图4-3-33）。

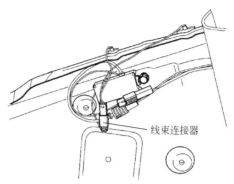

图4-3-33　断开后窗除雾器线束连接器

e. 用细钢丝切开后风窗玻璃周围的玻璃密封胶，注意在细钢丝两头缠上木块，且由两人配合操作，以方便拆卸（图4-3-34）。

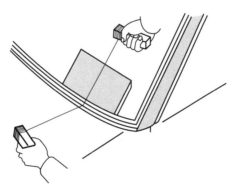

图4-3-34　用细钢丝切开后风窗玻璃周围的玻璃密封胶

f. 从车身后风窗玻璃窗框上拆卸后风窗玻璃，注意该步骤需要两人共同完成。
g. 用刀片清除后风窗玻璃上的粘接剂。
h. 用刀片清除车身上后风窗玻璃窗框上的粘接剂（图4-3-35）。
i. 用不起毛的抹布蘸上体积比为50/50的工业乙醇和水的混合

液清理风窗玻璃内表面边缘。

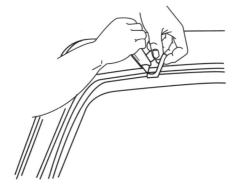

图 4-3-35　用刀片清除车身上后风窗玻璃窗框上的粘接剂

② 安装

a. 剪开专用玻璃密封胶涂嘴，使喷出的玻璃密封胶凸缘边达到 8mm 宽、8mm 高（图 4-3-36）。

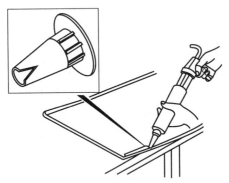

图 4-3-36　剪开玻璃密封胶涂嘴使喷出的玻璃密封胶凸缘边达到规定的宽度和高度

b. 用套管式填漏枪均匀连续涂抹玻璃密封胶凸缘边，保证胶水的宽度均匀（图 4-3-37）。

c. 在助手的帮助下用吸盘将后风窗玻璃装入车身后风窗玻璃窗框（图 4-3-38）。

d. 按压风窗玻璃，然后将胶带粘在密封条、后风窗玻璃和后

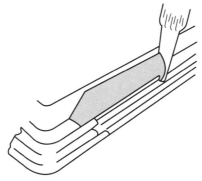

图 4-3-37 用套管式填漏枪均匀连续涂抹玻璃密封胶凸缘边

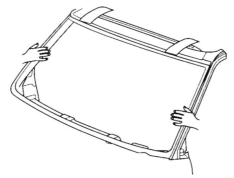

图 4-3-38 将后风窗玻璃装入车身后风窗玻璃窗框

风窗玻璃窗框上，以固定后风窗玻璃。

e. 让粘接剂干燥 24h。

f. 在后风窗玻璃上淋水以检查是否漏水。如果漏水，使后风窗玻璃干燥并用玻璃密封胶堵塞泄漏部位。如果仍然漏水，拆卸后风窗玻璃并重复执行整个程序。

g. 参照图 4-3-33 连接后窗除雾器线束连接器。

h. 安装后置物台。

i. 安装左/右后柱上装饰板总成。

j. 连接蓄电池负极电缆。

(6) 电动车窗升降模块的更换

① 拆卸

a. 断开蓄电池负极电缆。

b. 拆卸左前座椅总成（图4-3-39）。

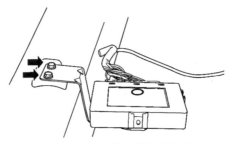

图4-3-39 拆卸左前座椅总成

c. 断开电动车窗升降模块线束连接器（图4-3-40）。

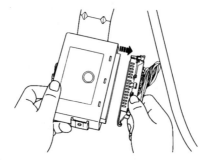

图4-3-40 断开电动车窗升降模块线束连接器

② 安装

a. 安装电动车窗升降模块固定螺栓，力矩为15N·m。

b. 参照图4-3-40连接电动车窗升降模块线束连接器。

c. 参照图4-3-39安装左前座椅总成。

d. 连接蓄电池负极电缆。

4.3.4 故障诊断

（1）所有电动车窗不工作（不带防夹）

所有电动车窗不工作（不带防夹）线路简图如图4-3-41所示，诊断流程如图4-3-42所示。

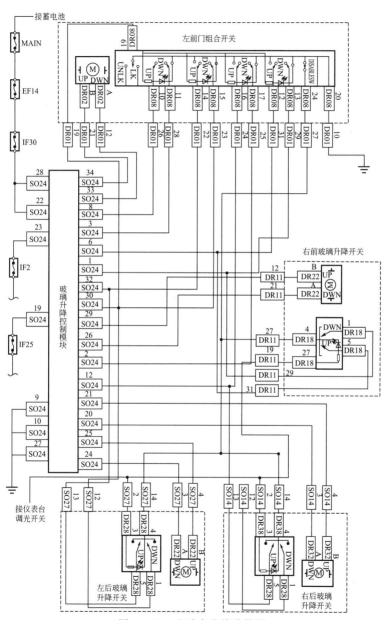

图 4-3-41 电动车窗线路简图

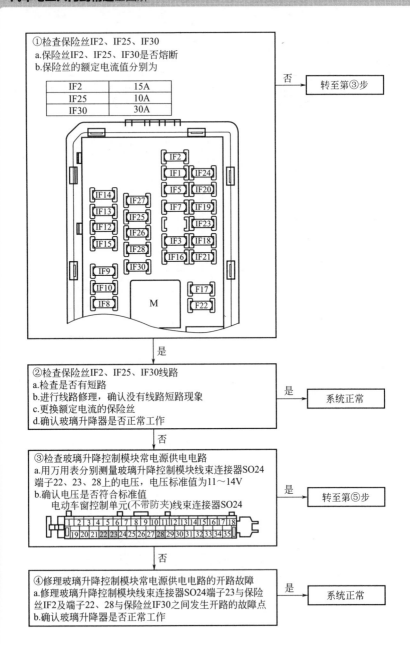

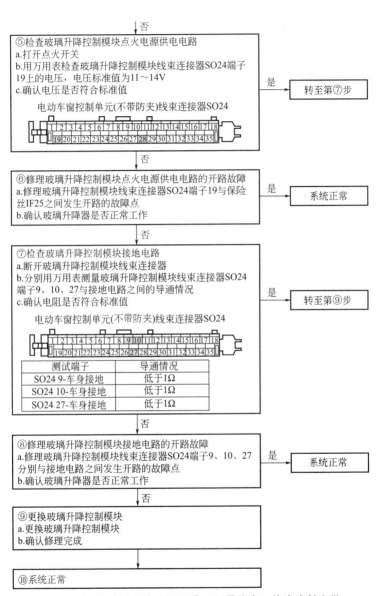

图 4-3-42 所有电动车窗不工作（不带防夹）故障诊断流程

(2)仅左前玻璃升降器不工作(不带防夹)

仅左前玻璃升降器不工作(不带防夹)线路简图如图4-3-41所示,诊断流程如图4-3-43所示。

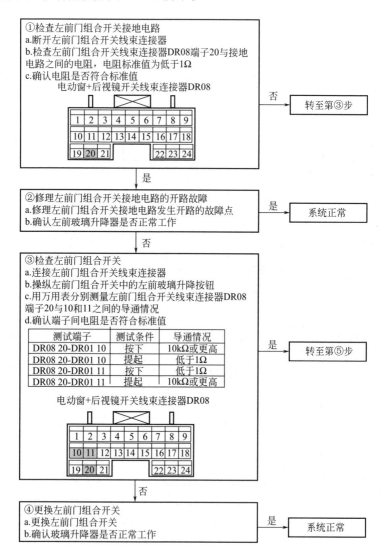

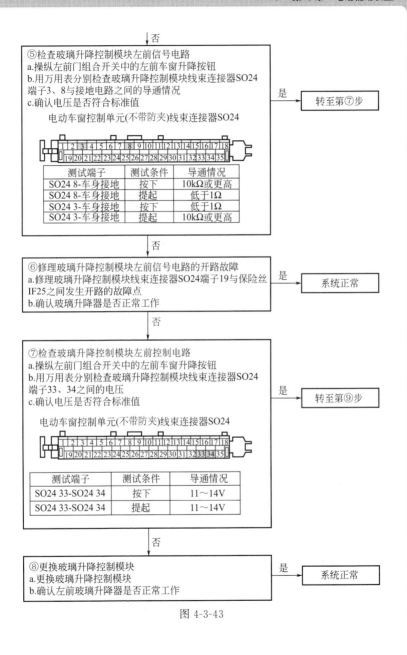

图 4-3-43

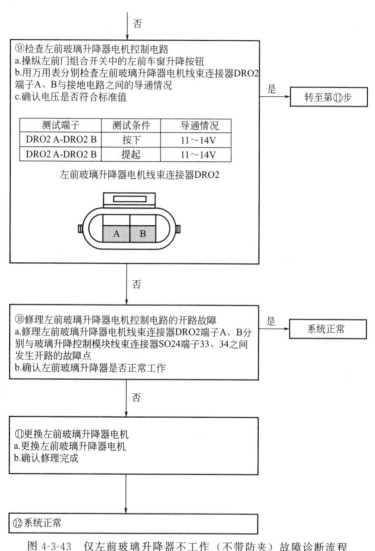

图 4-3-43 仅左前玻璃升降器不工作（不带防夹）故障诊断流程

(3) 玻璃升降器不工作（带防夹）

玻璃升降器不工作（带防夹）的线路简图如图 4-3-44 所示，诊断流程如图 4-3-45 所示。

> 第4章 电动辅助装置

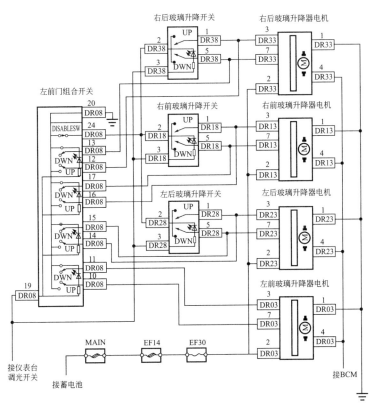

图 4-3-44 玻璃升降器不工作（带防夹）线路简图

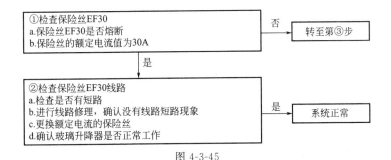

图 4-3-45

117

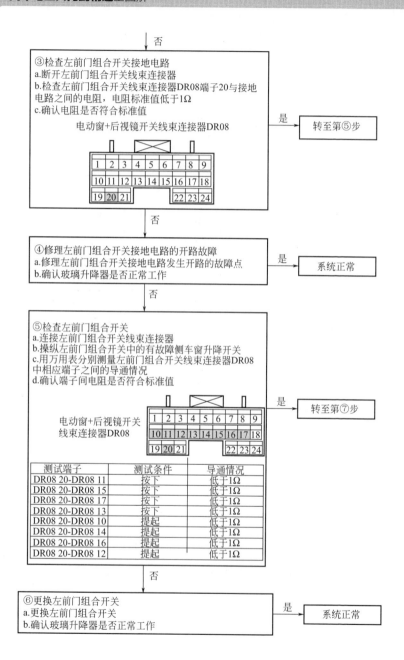

> 第4章 电动辅助装置

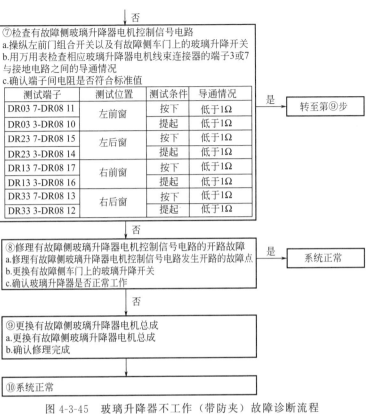

图 4-3-45 玻璃升降器不工作（带防夹）故障诊断流程

4.4 电动天窗

4.4.1 原理

(1) 系统组成

天窗模块、天窗开关、带压力传感器和限位传感器的天窗电机、天窗和天窗遮阳板。

(2) 电气原理示意图

电气原理示意图如图 4-4-1 所示。

119

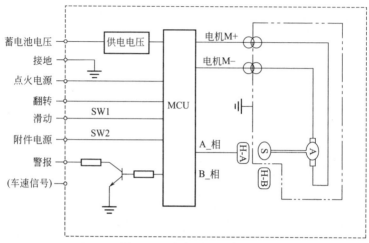

图 4-4-1 电气原理示意图

4.4.2 位置图

（1）天窗开关总成部件位置（图 4-4-2）

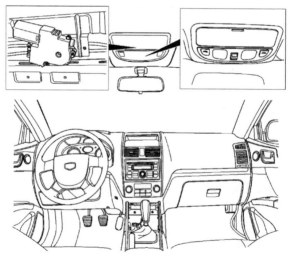

图 4-4-2 天窗开关总成部件位置

(2) 天窗分解图 (图 4-4-3)

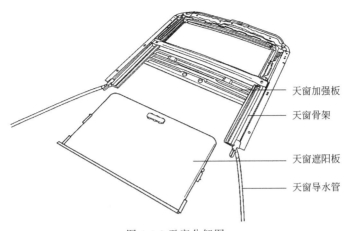

图 4-4-3 天窗分解图

4.4.3 拆装及更换

(1) 天窗玻璃的更换

① 拆卸

a. 将天窗略翻转一些以便拆卸固定螺栓，拆卸左侧天窗玻璃的固定螺栓（图 4-4-4）。

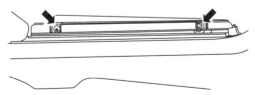

图 4-4-4 拆卸左侧天窗玻璃的固定螺栓

b. 拆卸右侧天窗玻璃的固定螺栓（图 4-4-5）。

c. 向上移出天窗玻璃（图 4-4-6）。

② 安装

a. 参照图 4-4-6 安装天窗玻璃，拧上固定螺栓并不拧紧。注意安装后要进行淋水测试，检查是否渗水，从而确认安装是否正确。

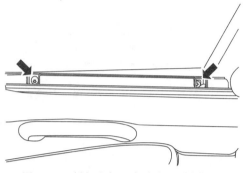

图 4-4-5　拆卸右侧天窗玻璃的固定螺栓

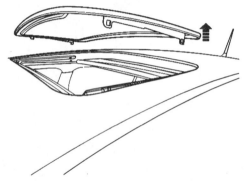

图 4-4-6　向上移出天窗玻璃

b. 参照图 4-4-5 和图 4-4-4 所示调整天窗玻璃,使其与车顶平齐且四边保持与边框的间隙一致,紧固螺栓。

(2)天窗电机的更换

① 拆卸

a. 断开蓄电池负极电缆。

b. 拆卸车内顶饰板(图 4-4-7)。

c. 拆卸天窗开关底板固定螺栓。

d. 断开天窗电机线束连接器(图 4-4-8)。

e. 拆卸天窗电机固定螺栓(图 4-4-9)。

f. 向下抽出电机,注意防止电机齿轮齿条走位。

第 4 章 电动辅助装置

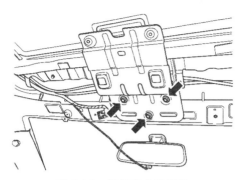

图 4-4-7 拆卸车内顶饰板

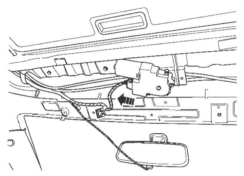

图 4-4-8 断开天窗电机线束连接器

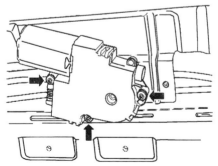

图 4-4-9 拆卸天窗电机固定螺栓

② 安装

a. 参照图 4-4-9 安装天窗电机,并紧固固定螺栓,力矩为 5N·m。

b. 参照图 4-4-8 连接电机线束连接器。

c. 安装天窗开关底板,并紧固固定螺栓,力矩为 7N·m。

d. 参照图 4-4-7 安装车内顶饰板。

e. 连接蓄电池负极电缆。

(3) 天窗开关的更换

① 拆卸

a. 断开蓄电池负极电缆。

b. 拆卸天窗开关总成固定螺钉(图 4-4-10),取出天窗开关总成。

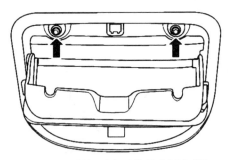

图 4-4-10 拆卸天窗开关总成固定螺钉

c. 断开天窗开关总成线束连接器(图 4-4-11)。

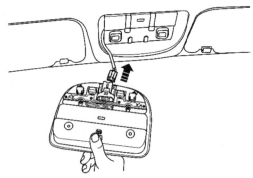

图 4-4-11 断开天窗开关总成线束连接器

② 安装

a. 参照图 4-4-11 连接天窗开关总成线束连接器。

b. 参照图 4-4-10 安装天窗开关总成，并紧固固定螺钉，力矩为 4N·m。

c. 连接蓄电池负极电缆。

(4) 天窗骨架的更换

① 拆卸

a. 断开蓄电池负极电缆。

b. 拆卸天窗玻璃。

c. 拆卸车顶内饰板。

d. 拆卸天窗电机。

e. 拆卸天窗骨架前部三个固定螺栓及车顶内排水管（图 4-4-12）。

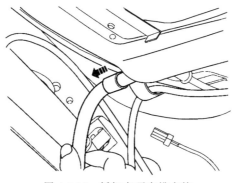

图 4-4-12　拆卸车顶内排水管

f. 拆卸天窗骨架后部两侧四个固定螺栓（图 4-4-13）。

g. 移出天窗骨架。

② 安装

a. 安装天窗骨架，紧固天窗前部三个固定螺栓（图 4-4-14），力矩为 10N·m。

b. 参照图 4-4-13 紧固后部两侧四个固定螺栓，力矩为 10N·m。

c. 参照图 4-4-12 安装天窗前后端四根排水管。在安装中要注意排水管不要被挤压，确定排水管的通畅。

d. 安装天窗电机。

图4-4-13 拆卸天窗骨架后部两侧四个固定螺栓

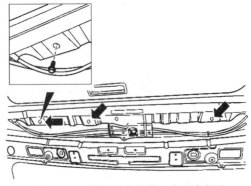

图4-4-14 紧固天窗前部三个固定螺栓

e. 安装车顶内饰板。
f. 安装天窗玻璃。
g. 连接蓄电池负极电缆。

(5) 天窗遮阳板的更换

① 拆卸

a. 拆卸天窗骨架。
b. 拆卸天窗遮阳板左右限位卡（图4-4-15）。
c. 抽出天窗遮阳板（图4-4-16）。

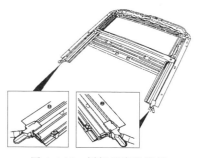

图 4-4-15　拆卸天窗遮阳板左右限位卡

图 4-4-16　抽出天窗遮阳板

② 安装

a. 参照图 4-4-16 插入天窗遮阳板。

b. 参照图 4-4-15 安装遮阳板限位卡。

c. 安装天窗骨架。

4.4.4　故障诊断

(1) 天窗不工作

天窗不工作线路简图如图 4-4-17 所示，诊断流程如图 4-4-18 所示。

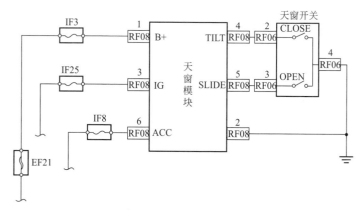

图 4-4-17　天窗线路简图

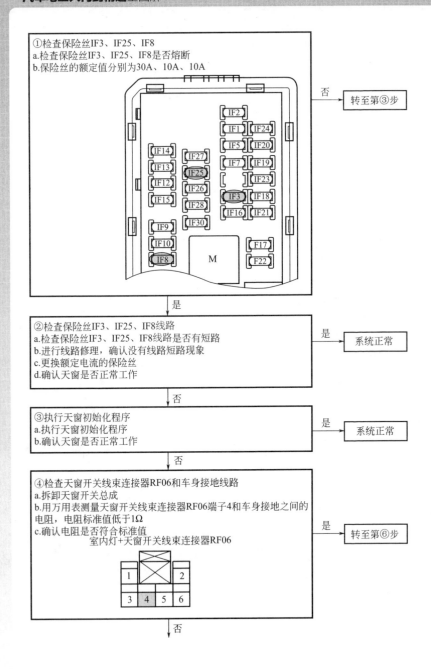

第 4 章 电动辅助装置

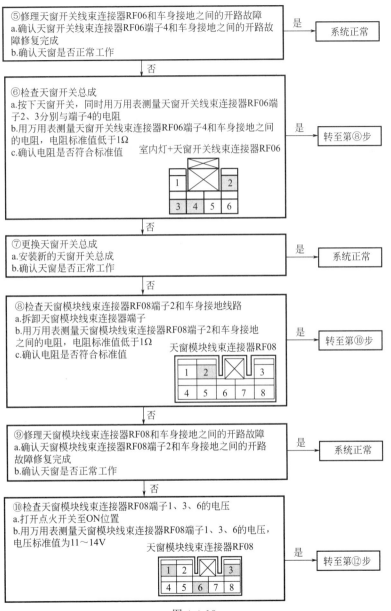

图 4-4-18

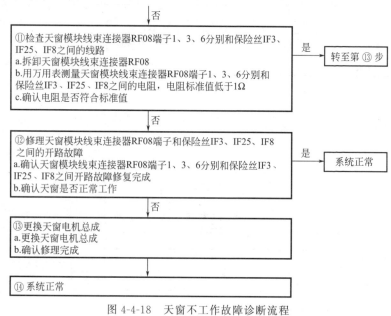

图 4-4-18 天窗不工作故障诊断流程

(2) 天窗无法打开

天窗无法打开线路简图如图 4-4-17 所示,诊断流程如图 4-4-19 所示。

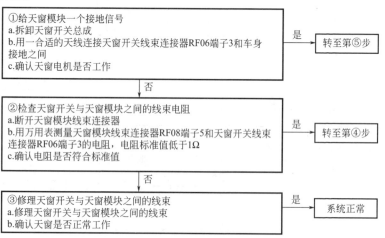

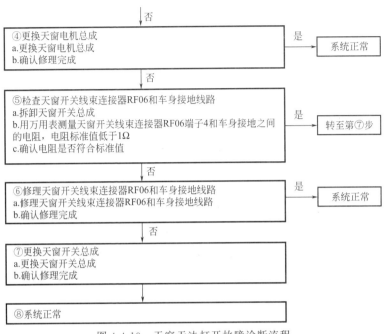

图 4-4-19 天窗无法打开故障诊断流程

(3) 天窗无法关闭

天窗无法关闭线路简图如图 4-4-17 所示，诊断流程如图 4-4-20 所示。

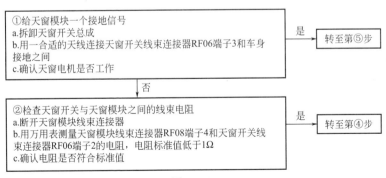

图 4-4-20

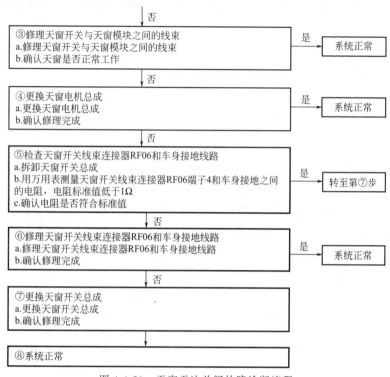

图 4-4-20　天窗无法关闭故障诊断流程

(4) 天窗防夹功能失效

天窗防夹功能失效线路简图如图 4-4-17 所示，诊断流程如图 4-4-21 所示。

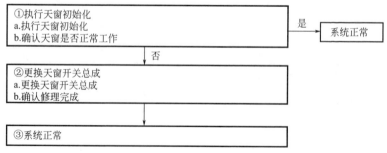

图 4-4-21　天窗防夹功能失效故障诊断流程

(5) 天窗间歇性无法工作

天窗间歇性无法工作线路简图如图 4-4-17 所示,诊断流程如表 4-4-1 所示。

表 4-4-1 天窗间歇性无法工作故障诊断流程

故障症状	怀疑部位	维修方案
绝缘层内的导线接触不良	天窗模块与天窗开关之间的线束滑动开关	参照图 4-4-19
线束连接器的阳端子和阴端子接触不良	①天窗开关 ②天窗电机线束连接器 ③天窗开关线束连接器 ④天窗电机	①清洁连接器阳端子与阴端子 ②更换天窗开关 ③更换线束 ④更换天窗电机
接地点接触不良	G7A 接地点	①紧固接地点固定元件 ②清洁处理接地点接头
天窗开关接触不良	①滑动开关 ②翻转开关	更换天窗开关

第 5 章

刮水与洗涤系统

5.1 基本原理

5.1.1 描述和操作

风窗洗涤器的组成

刮水器/洗涤器系统由以下部分组成：中央集控器、刮水器/洗涤器开关、洗涤液储液罐、洗涤液泵、刮水器电机、雨刮臂及连杆装置、F27 20A 雨刮刮水/洗涤开关保险丝、后洗涤液泵（两厢）、后刮水器电机（两厢）、后雨刮臂（两厢）、F28 10A 后雨刮保险丝（两厢）和后雨刮继电器（两厢）。

（1）前刮水器/洗涤器系统的说明与操作

前刮水器系统由刮水器电机、连杆、雨刮臂、刮片以及刮水器/洗涤器开关组成。前刮水器电路有一个自停止装置，该装置由一个蜗杆齿轮和一个凸轮盘组成，目的是在刮水器/洗涤器开关断开时还能暂时保持电路的完整，直至雨刮臂回到初始位置时才断开电路。刮水器系统由永磁电机驱动，前刮水器电机安装在前围板上，与前刮水器连杆直接相连。前刮水器电机的速度有两挡（高速和低速），并能间歇性操作。刮水器开关是刮水器/洗涤器开关的组成部分。前刮水器开关设置在转向柱右侧的操纵杆上。

(2) 前风窗玻璃洗涤器系统

前风窗玻璃洗涤器系统由洗涤液储液罐、洗涤液泵、软管、喷嘴和刮水器/洗涤器开关组成。前风窗玻璃洗涤液储液罐安装在右前大灯总成下，右前轮挡泥板后部。洗涤液泵固定在洗涤液储液罐上，洗涤液泵使洗涤液通过软管输送至发动机舱盖上安装的两个喷嘴。洗涤器开关也是刮水器/洗涤器开关的组成部分。

(3) 后刮水器/洗涤器系统的说明与操作

两厢车型的后刮水器系统由刮水器电机、雨刮臂和刮片组成。后刮水器电机位于后掀门内，与后雨刮臂直接相连，并装备了单独的洗涤液泵、软管和喷嘴。后洗涤器与前洗涤器共用同一个洗涤液储液罐以及洗涤液泵，洗涤液泵通过软管将洗涤液输送至后掀门上安装的喷嘴。后窗喷嘴穿过高位制动灯护罩并固定在此护罩上。

5.1.2 系统工作原理

前刮水器系统的工作由刮水器/洗涤器开关直接控制。来自 F27 20A 雨刮刮水/洗涤开关保险丝的电源被刮水器/洗涤器开关输入到刮水器电机不同的输入端从而使刮水器实现不同的刮水速度。

刮水器/洗涤器开关内置集成电路，在间歇挡时此电路监控刮水器电机带动的复位开关的信号，一旦刮水器开关关闭，来自 F27 20A 雨刮刮水/洗涤开关保险丝的电源被切断，但此集成电路可以输出工作电压通过刮水器/洗涤器开关的联动触点电路加在前刮水器电机的低速刮水输入端子 1，直至雨刮臂回到初始位置，复位开关的信号发生改变后切断电压输出，从而实现雨刮臂的复位功能。

后刮水器的驱动由中央集控器控制，集成于刮水器/洗涤器开关的后刮水器开关分别输送刮水和间歇刮水的请求信息给中央集控器。由中央集控器控制后刮水器继电器的吸合，从而实现后刮水器的工作。

前、后洗涤液泵都由洗涤器开关直接驱动，值得注意的是开关内置的集成电路可以监控前洗涤液泵的工作信号，从而在洗涤动作持续 2s 后自动启用刮水器。后洗涤器系统由中央集控器来完成此功能。

5.1.3 电气原理示意图

电气原理示意图如图 5-1-1 所示。

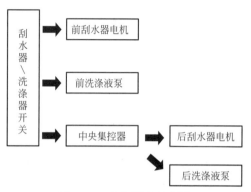

图 5-1-1 电气原理示意图

5.2 部件位置

5.2.1 前刮水器电机

前刮水器电机部件位置如图 5-2-1 所示。

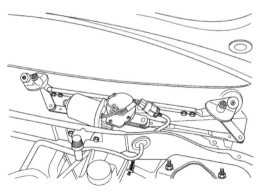

图 5-2-1 前刮水器电机部件位置

5.2.2 洗涤液储液罐

洗涤液储液罐如图 5-2-2 所示。

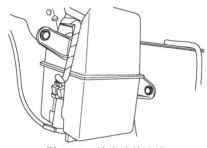

图 5-2-2　洗涤液储液罐

5.2.3 刮水器总成

刮水器总成如图 5-2-3 所示。

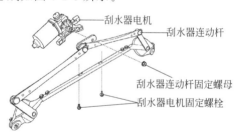

图 5-2-3　刮水器总成

5.3　拆卸与安装

5.3.1 刮片的更换

刮水器片的更换

(1) 拆卸

① 抬起雨刮臂,在雨刮臂上旋转刮片(图 5-3-1)。

② 在按住固定卡夹的同时,沿雨刮臂向

下滑动刮片,将其拆下(图 5-3-2)。

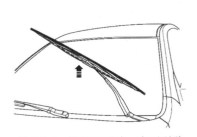

图 5-3-1 抬起雨刮臂,在雨刮臂上旋转刮片

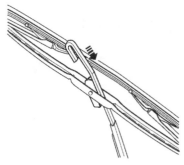

图 5-3-2 按住固定卡夹,沿雨刮臂向下滑动刮片,将其拆下

(2)安装

参照图 5-3-2 将刮片滑入雨刮臂,直至固定卡夹接合。

5.3.2 雨刮臂的更换

(1)拆卸

① 在拆卸之前,将雨刮臂停在初始位置。

② 拆卸雨刮臂螺母盖。

③ 拆卸雨刮臂螺母(图 5-3-3)。

(2)安装

① 安装雨刮臂。

② 参照图 5-3-3 紧固雨刮臂的安装螺母,力矩为 60N·m。

5.3.3 刮水器喷嘴的更换

(1)拆卸

① 打开发动机罩盖。

② 拆卸发动机舱盖内饰板(图 5-3-4)。

③ 断开喷嘴水管(图 5-3-5)。

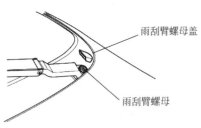

图 5-3-3 拆卸雨刮臂螺母

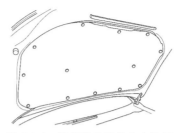
图 5-3-4 拆卸发动机舱盖内饰板

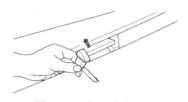
图 5-3-5 断开喷嘴水管

④ 从发动机罩盖上拆卸喷嘴,注意防止软管滑入发动机舱。

(2)安装

① 参照图 5-3-5 将喷嘴安装到发动机罩盖上。

② 将喷水软管接到喷嘴上,并将喷嘴按入发动机盖(图 5-3-6)。

③ 参照图 5-3-4 安装发动机舱盖内饰板。

④ 关闭发动机罩盖并注意装复后调整喷水角度到合适位置(图 5-3-7)。

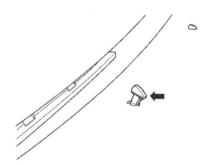
图 5-3-6 将喷嘴按入发动机盖

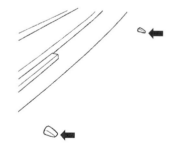
图 5-3-7 关闭发动机罩盖并注意装复后调整喷水角度到合适位置

5.3.4 洗涤液泵及软管的更换

(1)洗涤液泵的更换

① 拆卸

a. 将前轮方向向右转到底,以便有操作的空间。

b. 断开蓄电池负极电缆。

c. 拆卸右前轮挡泥板（图5-3-8）。

d. 断开洗涤液泵线束连接器（图5-3-9）。

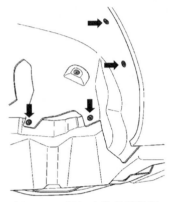 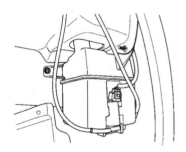

图5-3-8 拆卸右前轮挡泥板　　图5-3-9 断开洗涤液泵线束连接器

e. 从洗涤液泵上断开洗涤液软管。

f. 拔出洗涤液泵。

② 安装

a. 安装洗涤液泵（图5-3-10）。

b. 连接洗涤液软管（图5-3-10）。

c. 参照图5-3-9连接洗涤液泵线束连接器。

d. 参照图5-3-8安装右前轮挡泥板。

e. 连接蓄电池负极电缆。

f. 将前轮方向回正。

（2）软管的更换

① 拆卸

a. 将前轮方向向右转到底，以便有操作的空间。

b. 拆卸发动机罩盖内侧饰板（图5-3-11）。

c. 断开洗涤液软管与喷嘴的连接。

d. 拆卸前轮挡泥板。

e. 从洗涤液泵上断开洗涤液软管（图5-3-12）。

f. 拆卸洗涤液软管（图5-3-13）。

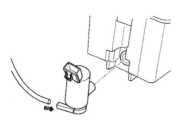

图 5-3-10　安装洗涤液泵连接洗涤液软管

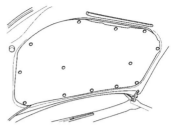

图 5-3-11　拆卸发动机罩盖内侧饰板

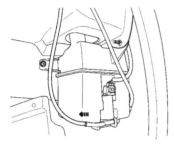

图 5-3-12　从洗涤液泵上断开洗涤液软管

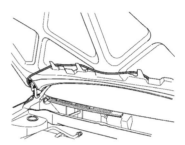

图 5-3-13　拆卸洗涤液软管

② 安装
a. 参照图 5-3-12 将洗涤液软管安装到洗涤泵上。
b. 参照图 5-3-13 穿入并安装软管。
c. 安装前轮挡泥板。
d. 参照图 5-3-13 将洗涤液软管连接到刮水器喷嘴上。
e. 参照图 5-3-11 安装发动机罩盖内侧饰板。
f. 将前轮方向回正。

5.3.5　洗涤液储液罐的更换

（1）拆卸
① 将前轮方向向右转到底，以便有操作的空间。
② 断开蓄电池负极电缆。
③ 拆卸右前轮挡泥板。

④ 断开洗涤液泵线束连接器（图 5-3-14）。
⑤ 断开洗涤液泵软管。
⑥ 拆卸洗涤液储液罐螺栓（图 5-3-15）。
⑦ 取下洗涤液储液罐（图 5-3-15）。

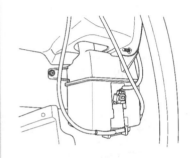

图 5-3-14　断开洗涤液泵线束连接器

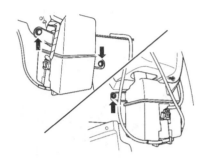

图 5-3-15　拆卸洗涤液储液罐螺栓 取下洗涤液储液罐

（2）安装

① 参照图 5-3-15 安装洗涤液储液罐并紧固螺栓，力矩为 10N·m。

② 参照图 5-3-14 连接洗涤液泵线束连接器。

③ 将洗涤液软管连接到洗涤液泵上（图 5-3-16）。

④ 安装右前轮挡泥板。

⑤ 连接蓄电池负极电缆。

⑥ 将前轮方向回正。

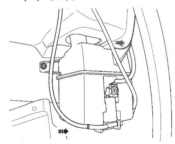

图 5-3-16　将洗涤液软管连接到洗涤液泵上

5.3.6　刮水器及洗涤器开关的更换

（1）拆卸

① 断开蓄电池负极电缆。

② 左右转动方向，拆卸上、下转向柱护板螺钉（图 5-3-17）。

③ 拆卸上、下转向柱护板。

④ 断开刮水器开关的线束连接器（图 5-3-18）。

刮水器开关总成的拆卸

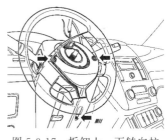
图 5-3-17　拆卸上、下转向柱护板螺钉

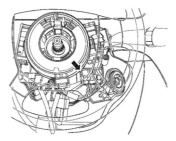
图 5-3-18　断开刮水器开关的线束连接器

⑤ 将开关外壳顶部的凸舌按下,拆卸刮水器开关（图 5-3-19）。

(2) 安装

① 参照图 5-3-19 将刮水器开关卡入开关外壳。
② 参照图 5-3-18 连接刮水器开关线束连接器。
③ 安装上转向柱护板（图 5-3-20）。

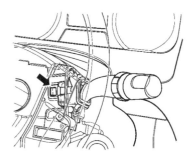
图 5-3-19　拆卸刮水器开关

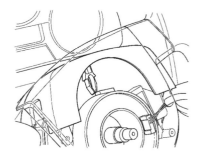
图 5-3-20　安装上转向柱护板

④ 安装下转向柱护板（图 5-3-21）。

⑤ 参照图 5-3-17 安装上、下转向柱护板螺钉,力矩为 8.8N·m。

⑥ 连接蓄电池负极电缆。

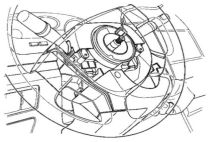
图 5-3-21　安装下转向柱护板

5.3.7 刮水器电机的更换

刮水器电机总成的检测

（1）拆卸

① 断开蓄电池负极电缆。
② 拆卸刮片。
③ 拆卸雨刮臂。
④ 拆卸进气隔栅板。
⑤ 断开刮水器电机线束连接器（图5-3-22）。
⑥ 拆卸刮水器连杆固定螺母（图5-3-23），将刮水器连杆和刮水器电机一起取下。

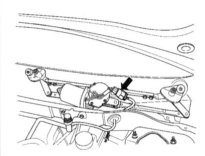

图5-3-22 断开刮水器电机线束连接器

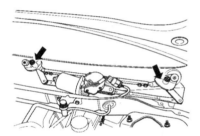

图5-3-23 拆卸刮水器连杆固定螺母

⑦ 拆卸刮水器电机螺栓及螺母（图5-3-24）。

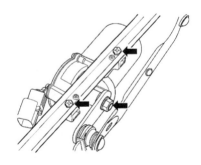

图5-3-24 拆卸刮水器电机螺栓及螺母

(2) 安装

① 参照图 5-3-24 安装刮水器电机紧固螺栓和螺母。力矩为 8N·m。
② 参照图 5-3-23 安装刮水器连杆固定螺母，力矩为 20.5N·m。
③ 参照图 5-3-22 连接刮水器电机线束连接器。
④ 安装进气隔栅板。
⑤ 安装雨刮臂。
⑥ 安装刮片。
⑦ 连接蓄电池负极电缆。

5.4 常见的故障诊断

5.4.1 刮水器在任何挡位都不工作

刮水器电路示意图如图 5-4-1 所示，刮水器在任何挡位下都不工作故障诊断流程如图 5-4-2 所示。

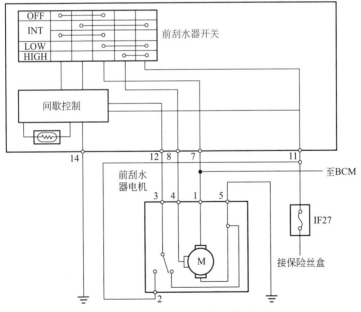

图 5-4-1 刮水器电路示意图

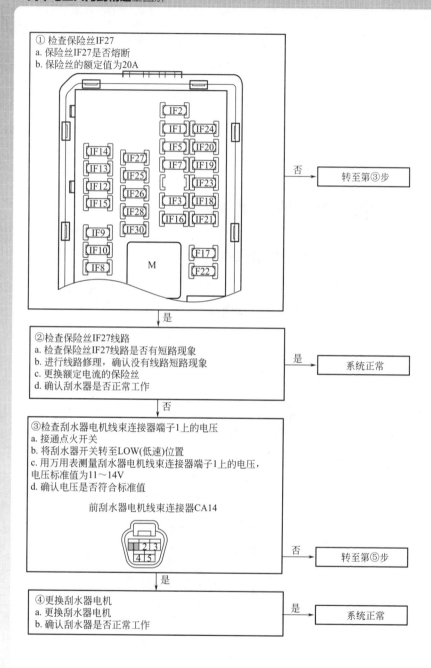

第 5 章 刮水与洗涤系统

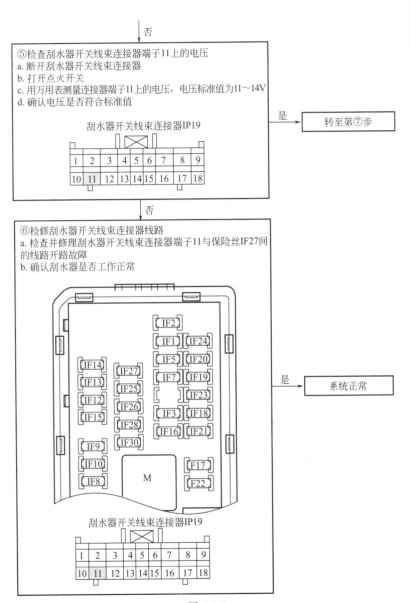

图 5-4-2

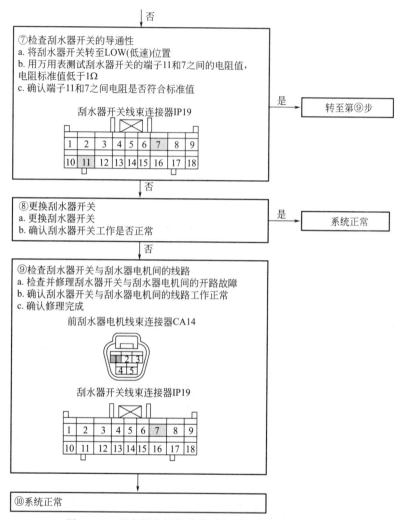

图 5-4-2 刮水器在任何挡位下都不工作故障诊断流程

5.4.2 刮水器在高速挡不工作

刮水器线路示意图如图 5-4-1 所示,刮水器在高速挡不工作故障诊断流程如图 5-4-3 所示。

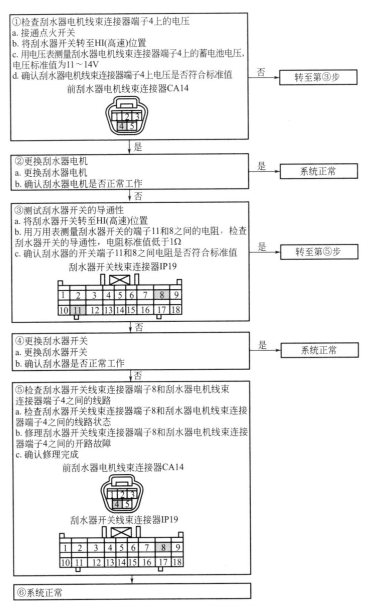

图 5-4-3 刮水器在高速挡不工作故障诊断流程

5.4.3 刮水器在低速挡不工作

刮水器线路示意图如图 5-4-1 所示,刮水器在低速挡不工作故障诊断流程如图 5-4-4 所示。

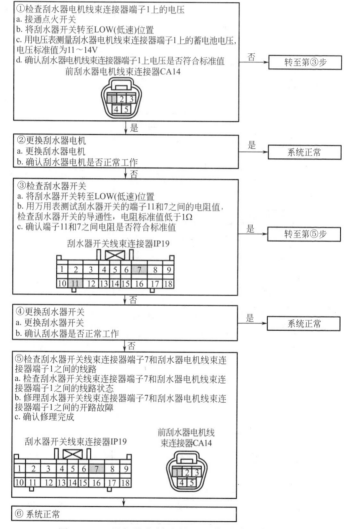

图 5-4-4 刮水器在低速挡不工作故障诊断流程

5.4.4 刮水器在间歇挡不工作

刮水器线路示意图如图5-4-1所示，刮水器在间歇挡不工作故障诊断流程如图5-4-5所示。

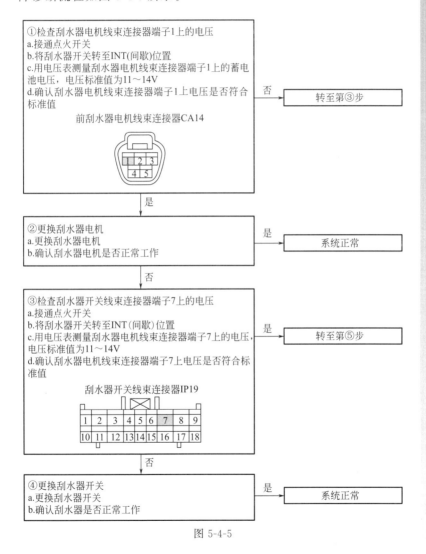

图 5-4-5

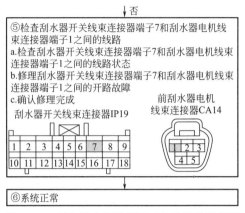

图 5-4-5 刮水器在间歇挡不工作故障诊断流程

5.4.5 前洗涤器不工作

前洗涤器线路示意图如图 5-4-6 所示，前洗涤器不工作故障诊断流程如图 5-4-7 所示。

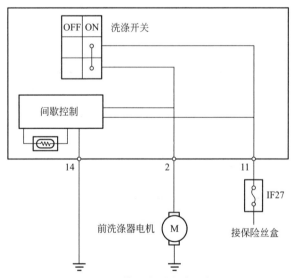

图 5-4-6 前洗涤器线路示意图

> 第 5 章 刮水与洗涤系统

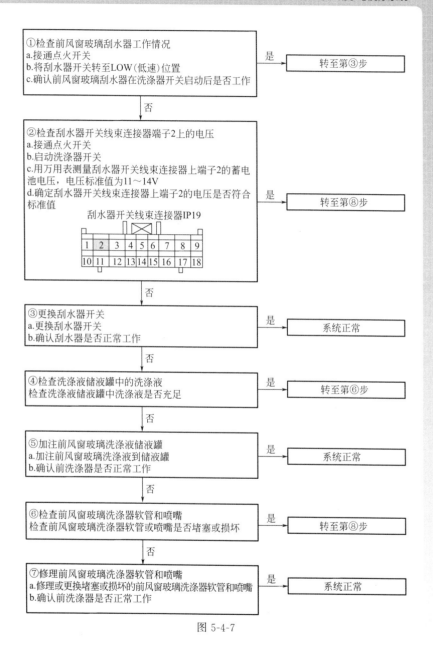

图 5-4-7

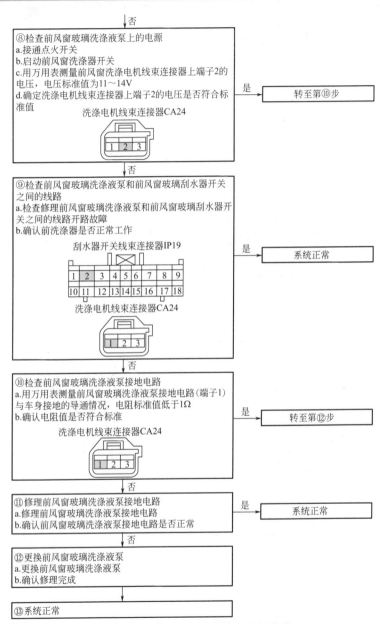

图 5-4-7 前洗涤器不工作故障诊断流程

第 6 章

汽车中控与防盗

6.1 中控门锁

6.1.1 基本原理

(1) 描述和操作

电动门锁利用了每个门锁总成内的一个电磁阀。门锁只能由驾驶员侧车门内把手上的组合开关或车门上的锁芯开关来（遥控钥匙操作）操纵。当用执行器或锁芯锁定或解锁驾驶员侧车门时，所有车门相应锁定或解锁。

① 闭锁与解锁 驾驶员侧车门钥匙转到开锁位置，四门锁打开。驾驶员侧车门钥匙转到闭锁位置，四门锁闭锁。车内开锁/闭锁开关（驾驶员侧车门上）：开锁动作，四门锁打开；闭锁动作，四门锁闭锁。

② 自动落锁 点火开关在 ON 挡，车速大于 20km/h 后，四门锁会自动闭锁。如果车速再次超过 20km/h，自动闭锁不会再次动作，只有当点火开关重新关闭再打开或者任意一扇车门重新打开并关闭后，自动落锁功能才可能重新启动。遥控器解锁 15s 后，四车门、发动机舱盖、后行李厢盖任一未被打开，车门会自动重锁。

③ 钥匙未拔提醒 钥匙插在点火锁内处于 OFF 挡（ACC 挡不被检测）位置，门不能上锁；若驾驶员侧门开着，BCM 将通过 CAN 向仪表发送周期性警报信号，仪表报警提醒钥匙未拔。

④ 自动解锁 在门锁上锁状态，点火钥匙拔出后，四车门自动开锁。门锁不在上锁状态时，点火钥匙拔出后，四车门的闭锁器不会动作。当从CAN总线得到安全气囊打开信号后（3个以上的碰撞信号被收到），四车门锁会自动打开。

⑤ 超级锁止 可通过两种方式来实现超级锁止功能。

a. 在300ms内按遥控器上的"闭锁"键两次。

b. 在3s内将钥匙在门锁内从"开锁"打到"闭锁"位置两次。闪光灯将闪烁一次来确认以上两种方式。注意此时车门只能用合法的钥匙或者遥控器才能打开。

⑥ 双锁解除 会把门锁电机从双锁状态最终转变为中控解锁状态。车辆在双锁情况下，双锁解除有以下几种情况。

a. 驾驶员侧金属钥匙双锁解除。驾驶员侧车门使用金属钥匙旋转到解锁位置，双锁状态会被解除，门锁电机最终处于中控解锁状态。

b. 遥控钥匙双锁解除。使用遥控钥匙解锁，双锁状态会被解除，门锁电机最终处于中控解锁状态，闪光灯将闪烁两次来确认。

⑦ 门锁开关 系统设有两个门锁开关，一个位于驾驶员侧车门组合开关，另一个设置在驾驶员侧车门钥匙锁芯内。车上其他钥匙锁芯只能解锁单个车门，不能触动中控门锁功能。两个门锁开关的上锁信号共同输入到BCM同一个输入端子，但解锁信号是分别输入的。

⑧ 上锁操作 当BCM接收到开关上锁输入信号或者满足自动落锁条件时，从BCM的上锁输出端输出电源，控制四个车门的门锁电机执行上锁操作。对于两厢车型，上锁命令同时传送到后背门门锁电机。

⑨ 解锁操作 当BCM接收到开关解锁输入信号或者满足自动解锁条件时，从BCM的解锁输出端输出电源，控制四个车门外加行李厢（后背门）的门锁电机执行解锁操作［行李厢（后背门）单独解锁］。

⑩ 超级锁止电机 在带有超级锁止功能的车辆上，门锁机构总成内除了门锁电机以外还装有一个超级锁止电机。如果BCM收到超级锁止输入信号，就会立即从超级锁止输出端输出电源控制各

车门内的超级锁止电机动作，执行超级锁止功能。

（2）电气原理示意图

电气原理示意图如图 6-1-1 所示。

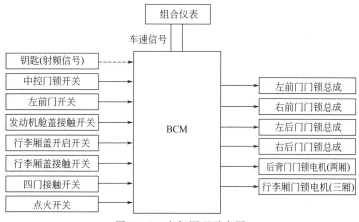

图 6-1-1 电气原理示意图

6.1.2 部件位置

（1）全车机械锁芯

全车机械锁芯部件位置如图 6-1-2 所示。

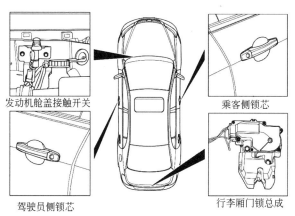

图 6-1-2 全车机械锁芯部件位置

(2) 行李厢开启按钮

行李厢开启按钮部件位置如图 6-1-3 所示。

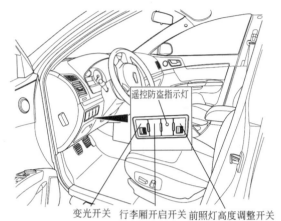

图 6-1-3　行李厢开启按钮部件位置

(3) 带超级锁止与不带超级锁止功能的左前门门锁总成

带超级锁止与不带超级锁止功能的左前门门锁总成部件位置如图 6-1-4 所示。

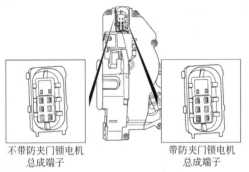

图 6-1-4　带超级锁止与不带超级锁止功能的左前门门锁总成部件位置

6.1.3　拆卸与安装

(1) 左前门门锁总成的更换

① 拆卸

a. 断开蓄电池负极电缆。
b. 拆卸左前门三角饰板。
c. 拆卸左前门内饰板。
d. 断开左前门外拉手连动杆（图6-1-5）。
e. 断开左前门内拉手拉索（图6-1-5）。
f. 拆卸左前门门锁总成固定螺栓（图6-1-6）。

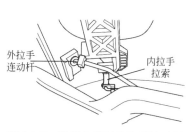 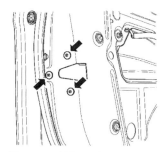

图6-1-5　断开左前门外拉手连动杆和内拉手拉索　　图6-1-6　拆卸左前门门锁总成固定螺栓

g. 断开左前门门锁总成线束连接器（图6-1-7）。
h. 取下左前门门锁总成。

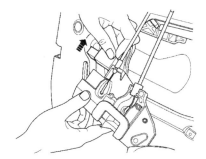

图6-1-7　断开左前门门锁总成线束连接器

② 安装
a. 参照图6-1-7连接左前门门锁总成连接器。
b. 参照图6-1-7安装左前门门锁总成。
c. 参照图6-1-6安装左前门门锁总成固定螺栓，力矩为15N·m。

d. 参照图6-1-5安装左前门内拉手拉索。

e. 参照图6-1-5安装左前门外拉手连动杆。

f. 安装左前门内饰板。

g. 安装左前门三角饰板。

h. 连接蓄电池负极电缆。

(2) 后门锁块的更换

① 拆卸

a. 断开蓄电池负极电缆。

b. 拆卸后门内饰板。

c. 拆卸后门玻璃升降导轨（图6-1-8）。

d. 断开后门外拉手连动杆卡扣。

e. 拆卸后门门锁总成固定螺钉（图6-1-9）。

 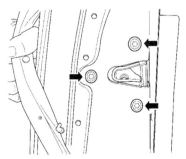

图6-1-8 拆卸后门玻璃升降导轨　　图6-1-9 拆卸后门门锁总成固定螺钉

f. 断开后门门锁总成线束连接器并取出后门门锁总成（图6-1-10）。

② 安装

a. 参照图6-1-10连接后门门锁总成线束连接器。

b. 参照图6-1-10安装后门门锁总成。

c. 参照图6-1-9安装后门门锁固定螺钉，力矩为15N·m。

d. 参照图6-1-11安装后门外拉手连动杆。

e. 参照图6-1-8安装后门玻璃升降导轨。

f. 安装后门内饰板。

g. 连接蓄电池负极电缆。

图 6-1-10 断开后门门锁总成线束连接器并取出后门门锁总成

图 6-1-11 安装后门外拉手连动杆

(3) 行李厢锁总成的更换

① 拆卸

a. 断开蓄电池负极电缆。

b. 拆卸行李厢盖内饰板。

c. 断开行李厢门锁总成线束连接器（图 6-1-12）。

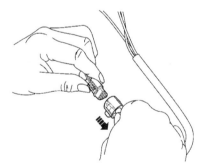

图 6-1-12 断开行李厢门锁总成线束连接器

d. 拆卸行李厢门锁总成固定螺栓（图 6-1-13）。

e. 断开行李厢门锁连动拉索（图 6-1-14）。

f. 断开行李厢锁芯拉索（图 6-1-14）。

g. 取下行李厢门锁总成。

② 安装

a. 参照图 6-1-14 连接行李厢门锁连动拉索。

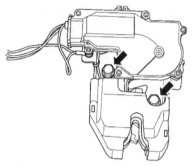
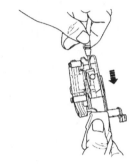

图 6-1-13　拆卸行李厢门锁总成固定螺栓

图 6-1-14　断开行李厢门锁连动拉索和锁芯拉索

b. 参照图 6-1-14 连接行李厢锁芯连动拉索。
c. 参照图 6-1-13 安装行李厢门锁总成固定螺栓,力矩为 15N·m。
d. 参照图 6-1-12 连接行李厢门锁总成线束连接器。
e. 安装行李厢盖内饰板。
f. 连接蓄电池负极电缆。

(4) 行李厢开启开关的更换

① 拆卸

a. 断开蓄电池负极电缆。
b. 使用专用工具拆卸并取出变光组合开关（图 6-1-15）。
c. 断开行李厢开启开关线束连接器（图 6-1-16）。

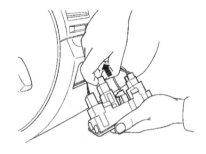

图 6-1-15　使用专用工具拆卸并取出变光组合开关

图 6-1-16　断开行李厢开启开关线束连接器

d. 松开行李厢开启开关卡扣并取出行李厢开启开关（图 6-1-17）。

② 安装

a. 参照图 6-1-17 将行李厢开启开关装入变光组合开关支架内。

b. 参照图 6-1-16 连接行李厢开启开关线束连接器。

c. 参照图 6-1-15 安装变光组合开关。

d. 连接蓄电池负极电缆。

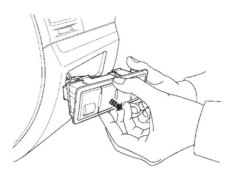

图 6-1-17　松开行李厢开启开关卡扣并取出行李厢开启开关

6.1.4　常见故障诊断

（1）故障症状列表

故障症状列表如 6-1-1 所示。

表 6-1-1　故障症状列表

故障症状	怀疑故障部位	维修方案
机械钥匙不能锁/开车门	①中控锁的电源故障 ②左前门门锁电机内的开/闭锁开关接触不良 ③线束插头接触不良 ④相关接地点接触不良 ⑤线束故障 ⑥中控锁电机故障 ⑦BCM 故障	①检修电源线路 ②检修线束、插头 ③检修接地点故障 ④更换门锁电机总成 ⑤检修 BCM，必要时更换 BCM
中控锁开关不能锁/开车门	①中控锁的电源故障 ②左前门玻璃升降开关总成上的中控锁开关故障 ③线束插头接触不良 ④相关接地点接触不良 ⑤线束故障 ⑥中控锁电机故障 ⑦BCM 故障	①检修电源线路 ②检修线束、插头 ③检修接地点故障 ④检修左前门玻璃升降开关 ⑤更换门锁电机总成 ⑥检修 BCM，必要时更换 BCM

续表

故障症状	怀疑故障部位	维修方案
只有左前门锁不能锁/开车门	①中控锁的电源故障 ②左前门门锁线束插头接触不良 ③左前门门锁接地点接触不良 ④线束故障 ⑤左前中控锁电机故障 ⑥BCM故障	①检修电源线路 ②检修线束、插头 ③检修接地点故障 ④更换门锁电机总成 ⑤检修BCM,必要时更换BCM
遥控器不能锁/开车门	①使用环境有电磁干扰 ②遥控器故障 ③中控锁的电源故障 ④线束插头接触不良 ⑤相关接地点接触不良 ⑥线束故障 ⑦中控锁电机故障 ⑧BCM故障	①移动至无干扰的环境中使用 ②检修遥控器电池,必要时更换遥控器 ③检修电源线路 ④检修线束、插头 ⑤检修接地点故障 ⑥更换门锁电机总成 ⑦检修BCM,必要时更换BCM
防盗状态下中控锁不能自动落锁	①电源电压不足 ②线束插头接触不良 ③相关接地点接触不良 ④线束故障 ⑤中控锁电机接触开关故障 ⑥BCM故障	①检修电源线路 ②检修线束、插头 ③检修接地点故障 ④更换门锁电机总成 ⑤检修BCM,必要时更换BCM
车门门锁在行车中出现跳动	①门锁机械机构故障 ②线束插头接触不良 ③相关接地点接触不良 ④线束故障 ⑤中控锁电机接触开关故障 ⑥BCM故障	①调整门锁机械机构,必要时更换门锁机械机构 ②检修线束、插头 ③检修接地点故障 ④更换门锁电机总成 ⑤检修BCM,必要时更换BCM

(2) 机械钥匙中控锁开关不能上锁所有中控门锁

机械钥匙中控锁电路简图如图6-1-18所示。

当没有遥控钥匙时,可以利用故障诊断仪的特殊设置功能,对中控锁进行强制驱动。依次选择车身控制模块/BCM特殊设置功能/锁止、开锁双锁（所有车门）/锁止所有车门。

> 第6章 汽车中控与防盗

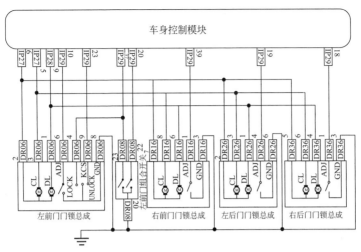

图 6-1-18 机械钥匙中控锁电路简图

机械钥匙中控锁开关不能上锁所有中控门锁故障诊断流程如图 6-1-19 所示。

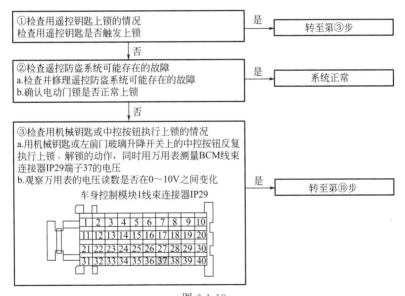

图 6-1-19

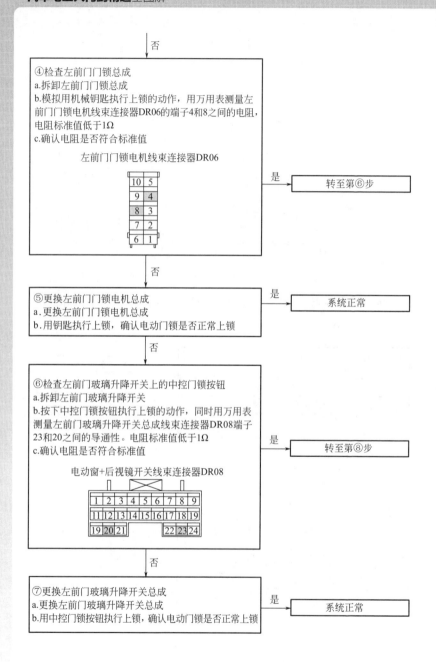

第 6 章 汽车中控与防盗

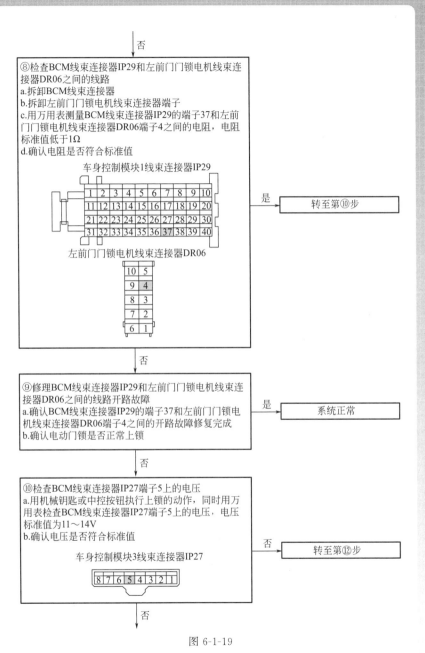

图 6-1-19

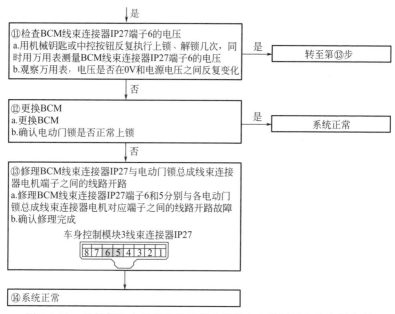

图 6-1-19　机械钥匙中控锁开关不能上锁所有中控门锁故障诊断流程

（3）机械钥匙中控锁开关不能解锁所有中控门锁

机械钥匙中控锁电路简图如图 6-1-18 所示。

机械钥匙中控锁开关不能解锁所有中控门锁故障诊断流程如图 6-1-20 所示。

当没有遥控钥匙时，可以利用故障诊断仪的特殊设置功能，对中控门锁进行强制驱动。依次选择：车身控制模块/BCM 特殊设置功能/锁止、开锁双锁（所有车门）/开锁所有车门。

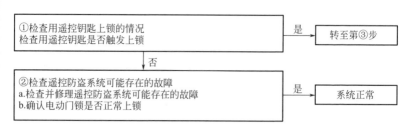

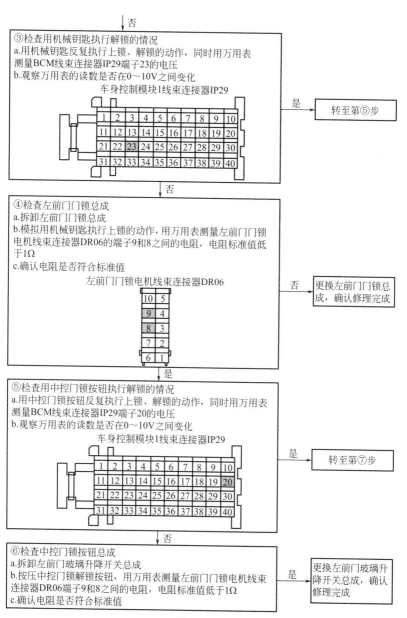

图 6-1-20

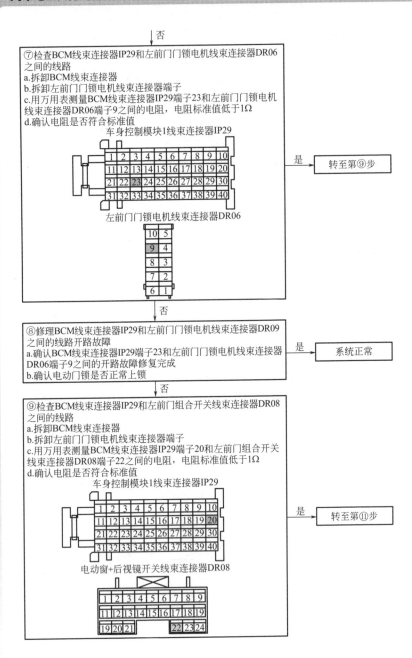

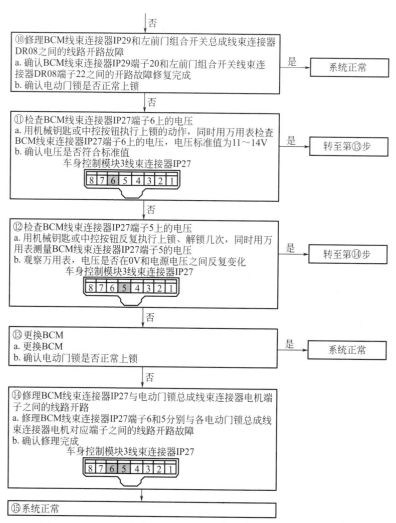

图 6-1-20 机械钥匙中控锁开关不能解锁所有中控门锁故障诊断流程

（4）超级锁止功能失效

机械钥匙中控锁电路简图如图 6-1-18 所示，超级锁止功能失效故障诊断流程如图 6-1-21 所示。

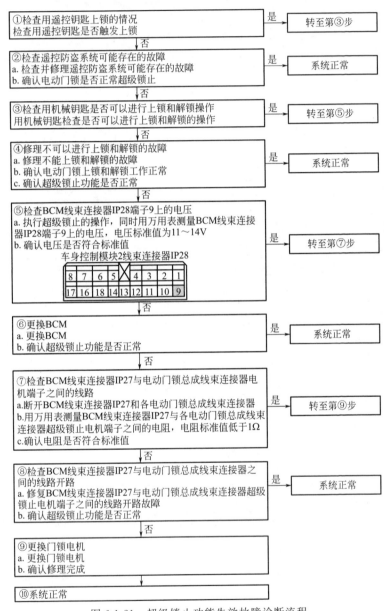

图 6-1-21 超级锁止功能失效故障诊断流程

(5) 行李厢不能开启（三厢）

行李厢电路简图如图 6-1-22 所示，行李厢不能开启（三厢）故障诊断流程如图 6-1-23 所示。

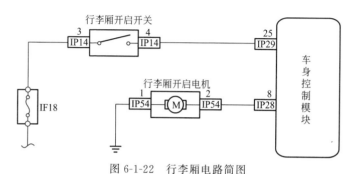

图 6-1-22　行李厢电路简图

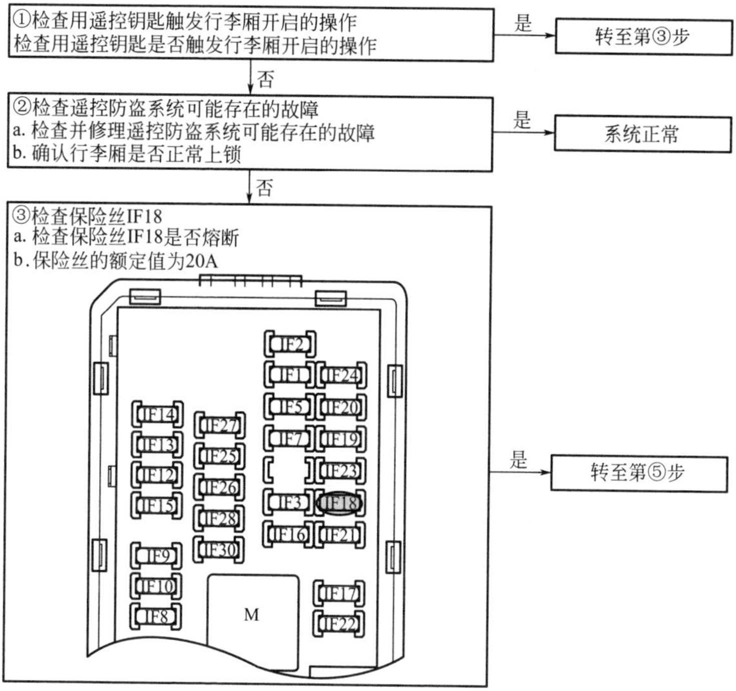

① 检查用遥控钥匙触发行李厢开启的操作
检查用遥控钥匙是否触发行李厢开启的操作 —是→ 转至第③步
↓否

② 检查遥控防盗系统可能存在的故障
a. 检查并修理遥控防盗系统可能存在的故障
b. 确认行李厢是否正常上锁 —是→ 系统正常
↓否

③ 检查保险丝IF18
a. 检查保险丝IF18是否熔断
b. 保险丝的额定值为20A
—是→ 转至第⑤步

图 6-1-23

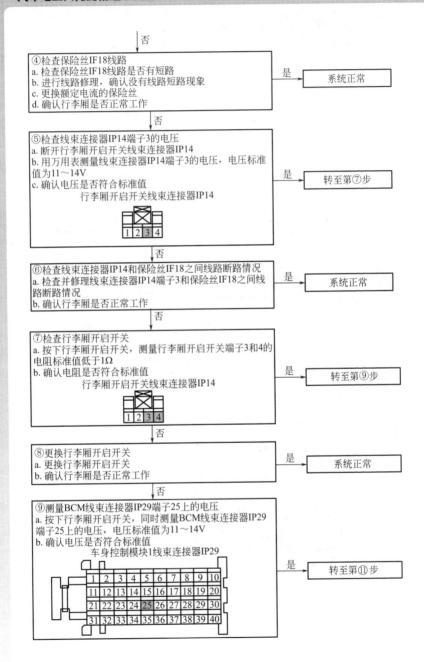

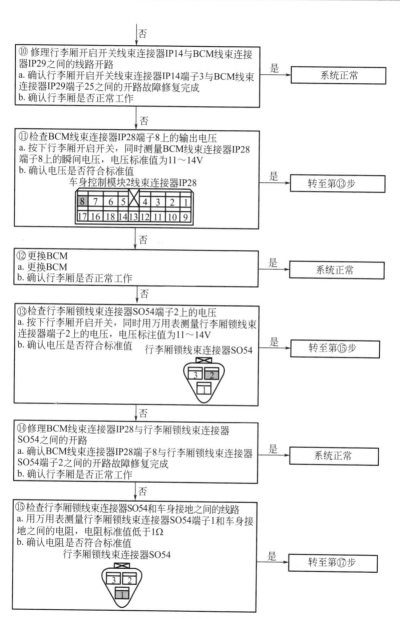

图 6-1-23

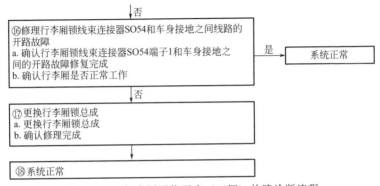

图 6-1-23 行李厢不能开启（三厢）故障诊断流程

当没有遥控钥匙时，可以利用故障诊断仪的特殊设置功能，对中控门锁进行强制驱动。依次选择：车身控制模块/BCM 特殊设置功能/行李厢盖（行李厢）开启控制。

(6) 车门自动上锁功能失效

车门自动上锁（20km/h）功能失效故障诊断流程如图 6-1-24 所示。

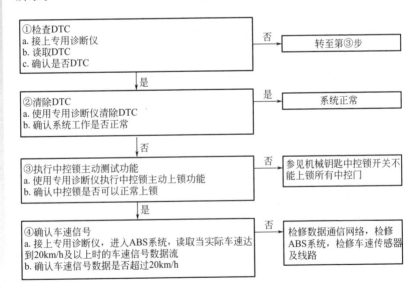

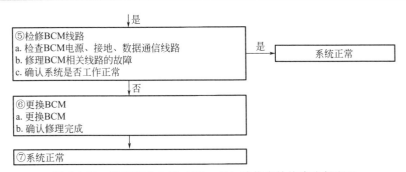

图 6-1-24 车门自动上锁（20km/h）功能失效故障诊断流程

(7) 车门锁行车中跳动

车门锁行车中跳动故障诊断流程如图 6-1-25 所示。

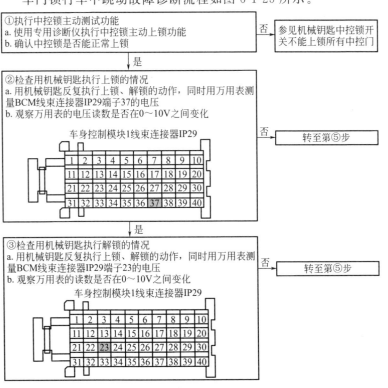

图 6-1-25

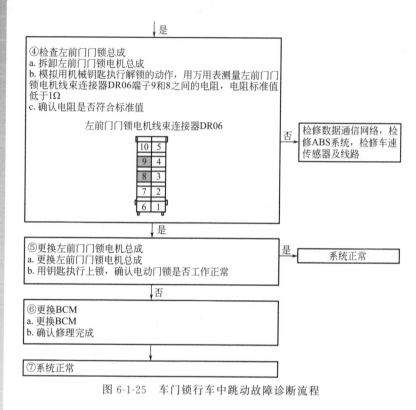

图 6-1-25 车门锁行车中跳动故障诊断流程

(8)左前车门锁不工作

机械钥匙中控锁电路简图如图 6-1-18 所示。

左前门门锁不工作故障诊断流程如图 6-1-26 所示。

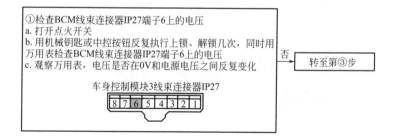

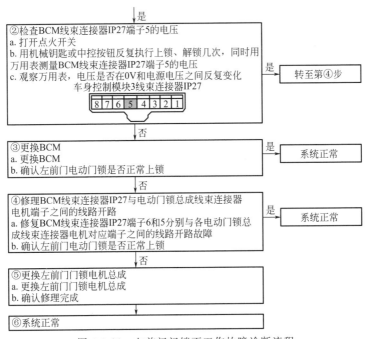

图 6-1-26 左前门门锁不工作故障诊断流程

(9) 右前门锁不工作，左后门锁不工作，右后门锁不工作检修与左前门锁不工作的检修方案类似。

6.2 遥控防盗系统

6.2.1 基本原理

(1) 描述与操作

遥控防盗系统是一个辅助的车辆警报装置，警报系统在出现强行侵入时触发。该系统与中控门锁系统配合使用。无线电频率干扰或电池电量用完都可能使该系统失效。

遥控防盗系统包含如下主要部件：发射器（遥控钥匙）、射频接收器（BCM）、门接触开关、发动机舱盖接触开关、行李厢（后

179

背门）接触开关。

① 遥控防盗　该系统的操作独立于发动机防盗系统。遥控防盗系统的设计是为了在有人强行打开车门、行李厢盖或发动机舱盖时发出警报。

② 滚动代码　遥控防盗系统使用滚动代码技术。该技术可防止任何人记录从发射器发出的信息并使用该信息进入车辆。术语"滚动代码"指遥控防盗系统发送和接收信号的方式。发射器每次按不同顺序发射信号。发射器和射频接收器按相应的顺序同步。

③ 遥控门锁　点火钥匙非插入状态，按下遥控器上的开锁键，四门锁打开，转向灯闪烁确认。点火钥匙非插入状态，按下遥控器上的闭锁键，四门锁闭锁，转向灯闪烁确认。

④ 进入防盗　当点火钥匙拔出，关好车门/行李厢盖/发动机舱盖，用遥控器闭锁键锁好车门（按闭锁键一次），转向灯闪一下。3s后进入防盗状态。自动闭锁时，系统会自动进入防盗状态。

⑤ 进入防盗失败　用遥控器闭锁键锁车门时，若有车门/行李厢盖/发动机舱盖未关好，转向灯闪三下，防盗喇叭隔2s鸣响两声，10s后进入防盗报警状态。若10s内再按闭锁键不进入防盗报警状态，但仍进入防盗布警（此时若没有外界其他条件触发喇叭不会鸣响，转向灯也不会闪烁）。在报警状态，若遥控器开锁键被再按，将停止该报警循环，并解除防盗布警状态。若再按闭锁键恢复原始状态。防盗失败工作原理如图6-2-1所示。

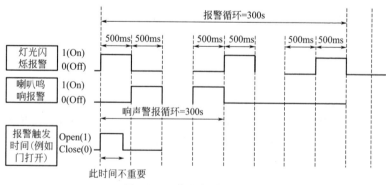

图6-2-1　防盗失败工作原理

BCM将在防盗或报警状态下禁止起动机继电器线圈工作。

⑥ 解除防盗　可用遥控器或通过CAN从EMS接收到释放信号来解除防盗或报警状态（转向灯闪烁/喇叭鸣响）。当遥控器无电时，在防盗状态下把钥匙插入点火开关，可启动发动机同时解除防盗或报警状态。

⑦ 静音状态　在防盗状态下，同时按下遥控器上"闭锁"和"开锁"两个键超过2s，此时转向灯闪两下，表示进入静音状态。

⑧ 寻车功能　在防盗状态下，如果在500ms内连续按闭锁键两次，喇叭鸣响三声，转向灯闪三下（在没有双锁功能的前提下）。

⑨ 遥控器学习功能　防盗解除情况下，打开驾驶员侧车门，钥匙在10s内OFF、ON6次，最后停在OFF状态，此时，防盗指示灯亮，表示进入学习状态，然后按住遥控器任一键，如果防盗指示灯闪一下，表示学习成功。

⑩ 引擎舱接触开关　在发动机舱盖下设置有一接触开关，当发动机舱盖关闭时此开关断开；一旦发动机舱盖被打开，此开关闭合，并向BCM传送接地信号，BCM根据此信号通过CAN总线向仪表发送点亮发动机舱盖未关警告灯信息。

⑪ 行李厢（后背门）接触开关　在行李厢（后背门）处设置有一接触开关，当行李厢（后背门）关闭时此开关断开；一旦行李厢（后背门）被打开，此开关闭合，并向BCM传送接地信号，BCM根据此信号通过CAN总线向仪表发送点亮行李厢（后背门）未关警告灯信息。

⑫ 门接触开关　在每个门锁机构总成内设置有一接触开关，当车门关闭时这些开关断开；一旦有某个车门被打开，该门内的接触开关闭合，并向BCM传送接地信号，BCM根据此信号通过CAN总线向仪表发送车门打开信息。

⑬ 防盗指示灯　该灯为一发光二极管，电源来自线路系统。当系统进入防盗状态后，BCM提供接地电路，控制其闪烁。

⑭ 防盗喇叭　其设置在行李厢（两厢车为车身后部）左侧内饰板后，自身有接地电路。当系统进入防盗触发状态后，BCM提供接地电源，控制其鸣响。

⑮ 转向灯　参照车外照明系统的说明和操作。

（2）电气原理示意图

电气原理示意图如图 6-2-2 所示。

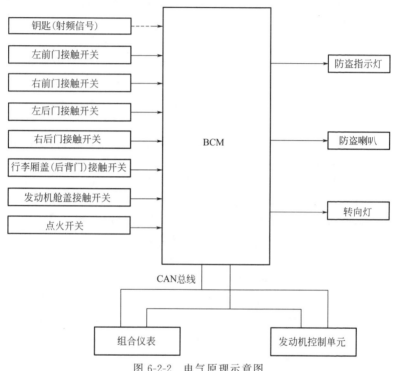

图 6-2-2　电气原理示意图

6.2.2　部件位置

（1）发动机舱盖接触开关

发动机舱盖接触开关部件位置如图 6-2-3 所示。

（2）BCM

BCM 部件位置如图 6-2-4 所示。

（3）防盗喇叭与倒车雷达模块

防盗喇叭与倒车雷达模块部件位置如图 6-2-5 所示。

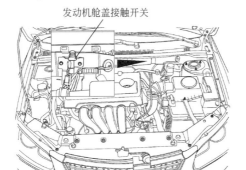

图 6-2-3　发动机舱盖接触开关部件位置

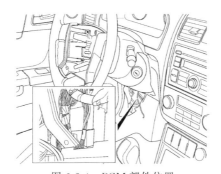

图 6-2-4　BCM 部件位置

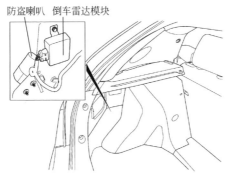

图 6-2-5　防盗喇叭与倒车雷达模块部件位置

(4) 遥控钥匙

遥控钥匙部件位置如图 6-2-6 所示。

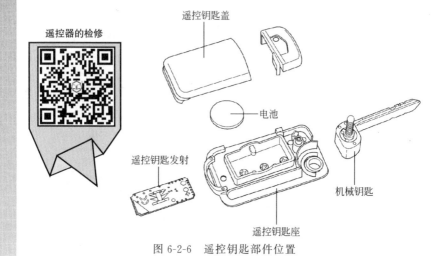

图 6-2-6 遥控钥匙部件位置

第 7 章

音响娱乐系统

7.1 基本原理

(1) 描述与操作

每当音响系统电路与蓄电池断开时，音响系统所有的客户个性化设置都会被初始化。两厢车车顶天线位于车顶，在设计上可将天线杆与天线座分离。洗车前应拆卸天线杆，以免损坏油漆。车顶天线不可调节。三厢车天线设置于后档，位于后窗除霜格栅上部。所有音响系统均使用六个扬声器。两前门各布置有一个前门扬声器和一个前门高音扬声器。对于三厢车，两个后扬声器安装于后窗台板上。对于两厢车，后扬声器安装在 C 柱内饰板上。光盘要小心拿放。应将光盘存放在光盘盒中，并避免阳光、受热和灰尘。如果表面污染，可在中性清洗剂中浸湿后，用一块干净的软布将光盘擦拭干净。

(2) 系统工作原理

① 收音　当打开音响主机开关并切换到 AM 及 FM 时，音响主机通过 IP33 的端子 5 输出电源给天线模块，天线模块开始工作，接收无线电信号并通过专线传输给音响主机。音响主机接收到无线电信号后经过内部滤波电路处理，调出想要接收的频道，经过内部放大器放大音频信号，最终通过 IP33 的 1—5、2—6、3—7、4—8 端子输出给各扬声器。

② CD 播放　当打开音响主机开关并切换到 CD 时，音响主机控制 CD 机芯部分工作，CD 机芯主要由激光拾音器及唱盘系统、

伺服系统、信号处理系统、信息存储系统与控制系统等组成。激光拾音器是CD唱机的关键部件,它由半导体激光器、光学透镜系统和光电检测器组成。激光器是一个小功率激光二极管,发出的激光束通过光学透镜系统投影到唱片的信息面上,由于唱片上记录了许多凹坑,当光点打在凹坑处时,因反射光较弱,光电检测器捡拾的信号小,当光点打在无凹坑的铝膜上时,反射光较强,光电检测器捡拾的信号大,对应着凹坑的有无,检测器的输出产生相应高低电平的电脉冲信号,然后经射频放大器,由其内部比较器得到1和0的串行数字信号,并加到数字信号和处理电路,进行解调、帧同步信号检出、纠错处理等,将处理后的数据加到数模转换(D/A)就变换成模拟的声音信号输出给音响主机音频放大电路,经过放大后的音频信号通过音响主机线束连接器IP33的1-5、2-6、3-7、4-8端子输出给各扬声器。

(3)电气原理图

电气原理图如图7-1-1所示

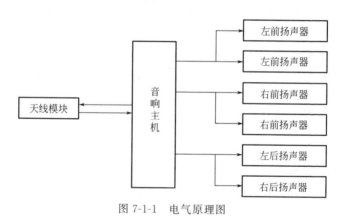

图7-1-1 电气原理图

7.2 部件位置

(1)音响主机和前门扬声器

音响主机和前门扬声器的部件位置如图7-2-1所示。

> 第 7 章　音响娱乐系统

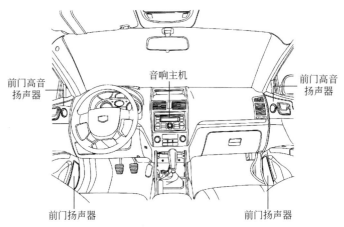

图 7-2-1　音响主机和前门扬声器的部件位置

(2) 后扬声器 (三厢)

后扬声器 (三厢) 和收音机无线放大器的部件位置如图 7-2-2 所示。

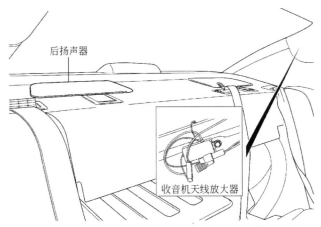

图 7-2-2　后扬声器和收音机天线放大器的部件位置

(3) 收音机天线 (三厢)

收音机天线 (三厢) 部件位置如图 7-2-3 所示。

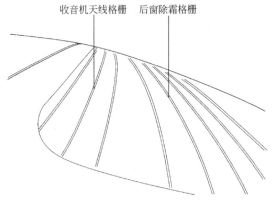

图 7-2-3 收音机天线（三厢）部件位置

7.3 拆卸与安装

（1）前扬声器的更换

① 低音扬声器的拆装

a. 断开蓄电池负极电缆，拆卸前门内饰板（图 7-3-1）。

音响娱乐系统-前门低(高)音扬声器的拆装

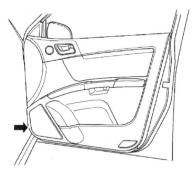

图 7-3-1 拆卸前门内饰板

b. 掀开贴膜，断开扬声器线束连接器，拆卸前车门扬声器固定螺钉（图 7-3-2）。

第 7 章 音响娱乐系统

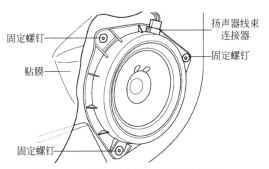

图 7-3-2 拆卸前车门扬声器固定螺钉

c. 安装扬声器并紧固固定螺钉（图 7-3-3）。

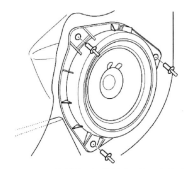

图 7-3-3 安装扬声器并紧固固定螺钉

d. 连接扬声器线束连接器（图 7-3-4），粘贴贴膜，安装门内饰板。

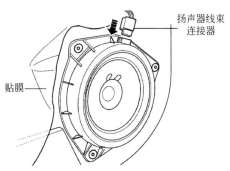

图 7-3-4 连接扬声器线束连接器

② 高音扬声器的拆装

a.断开蓄电池负极电缆,拆卸前门内饰板(图 7-3-5)。

图 7-3-5 拆卸前门内饰板

b.断开扬声器线束连接器,拆卸扬声器固定螺钉(图 7-3-6)。

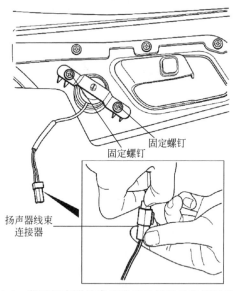

图 7-3-6 断开扬声器线束连接器和拆卸扬声器固定螺钉

c.安装扬声器固定螺钉,连接扬声器线束连接器(图 7-3-7),安装门内饰板,连接蓄电池负极电缆。

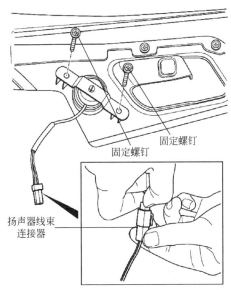

图 7-3-7　安装扬声器固定螺钉和连接扬声器线束连接器

(2) 收音机天线模块的更换

① 拆卸左后 C 柱内饰板（图 7-3-8）。

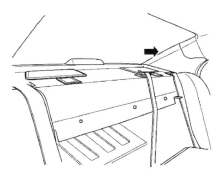

图 7-3-8　拆卸左后 C 柱内饰板

② 断开天线模块连接器，拆卸天线模块固定螺栓（图 7-3-9）。

③ 用螺钉固定天线模块，连接天线模块连接器（图 7-3-10），安装左后 C 柱内饰板。

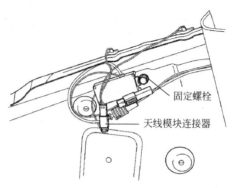

图 7-3-9 断开天线模块连接器，拆卸天线模块固定螺栓

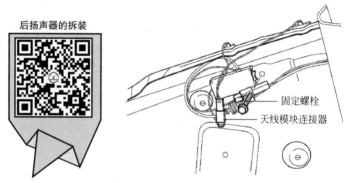

图 7-3-10 用螺钉固定天线模块，连接天线模块连接器

(3) 后扬声器的更换

① 断开蓄电池负极电缆，放下后排乘客座椅靠背，拆卸左侧及右侧后排乘客座椅辅靠背，拆卸左后及右后C柱内饰板，拆卸后置物台（图 7-3-11）。

② 断开扬声器线束连接器（图 7-3-12）。

③ 拆卸扬声器固定螺钉（图 7-3-13）。

④ 安装并紧固固定螺钉（图 7-3-14）。

⑤ 连接扬声器线束连接器（图 7-3-15）。

⑥ 安装后置物台，安装左后及右后C柱内饰板，安装左侧及右侧后排乘客座椅辅靠背，抬起后排乘客座椅靠背（参照图 7-3-11），连接蓄电池负极电缆。

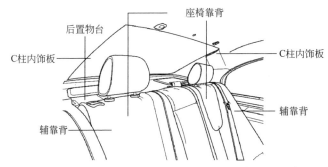

图 7-3-11 放下后排乘客座椅靠背,拆卸左侧及右侧后排乘客座椅辅靠背,拆卸左后及右后 C 柱内饰板,拆卸后置物台

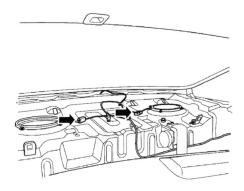

图 7-3-12 断开扬声器线束连接器

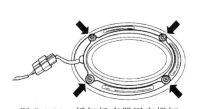 

图 7-3-13 拆卸扬声器固定螺钉　　图 7-3-14 安装并紧固固定螺钉

(4) 音响主机的更换

① 断开蓄电池负极电缆,拆卸多功能仪表,拆卸中央出风口面板,拆卸空调面板总成(图 7-3-16)。

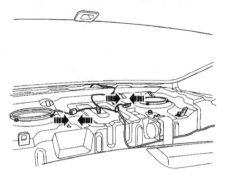

图 7-3-15　连接扬声器线束连接器

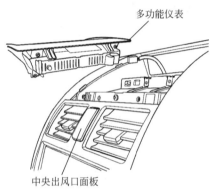

图 7-3-16　拆卸多功能仪表

② 拆卸音响主机的固定螺栓（图 7-3-17）。

③ 断开音响主机的线束连接器（图 7-3-18）。

④ 连接音响主机的线束连接器（参照图 7-3-18）。

⑤ 安装音响主机并紧固螺栓，安装空调控制面板（图 7-3-19）。

⑥ 安装中央出风口面板和多功能仪表（图 7-3-20），连接蓄电池负极电缆。

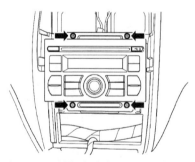

图 7-3-17　拆卸音响主机的固定螺栓

第 7 章 音响娱乐系统

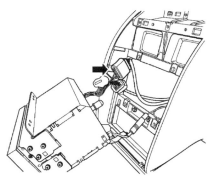

图 7-3-18 断开音响主机的线束连接器

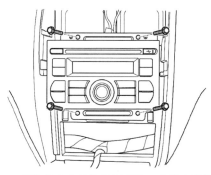

图 7-3-19 安装音响主机并紧固螺栓，安装空调控制面板

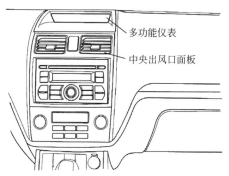

图 7-3-20 安装中央出风口面板和多功能仪表

7.4 常见故障诊断

(1) 音响主机无法开机

音响主机电路简图如图 7-4-1 所示。音响主机无法开机故障诊断流程如图 7-4-2 所示。

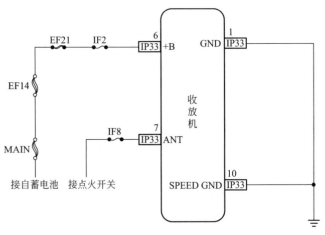

图 7-4-1 音响主机电路简图

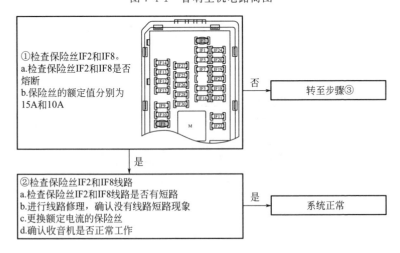

第7章 音响娱乐系统

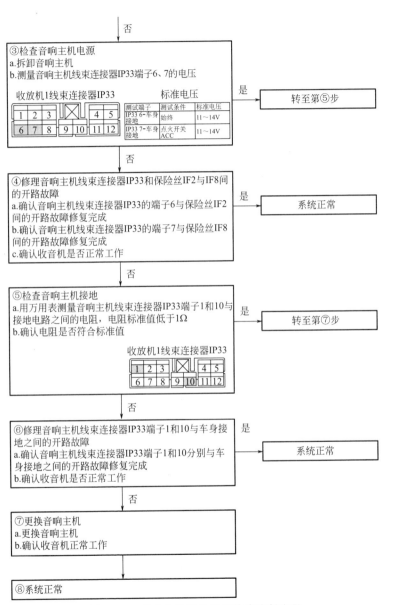

图 7-4-2 音响主机无法开机故障诊断流程

（2）音响主机能正常开机但扬声器不工作

扬声器电路简图如图 7-4-3 所示。音响主机能正常开机但扬声器不工作故障诊断流程如图 7-4-4 所示。

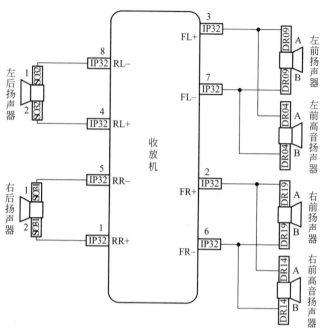

图 7-4-3　扬声器电路简图

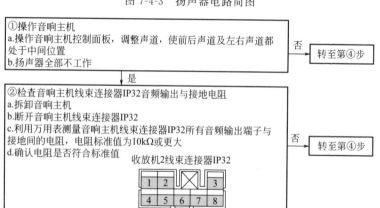

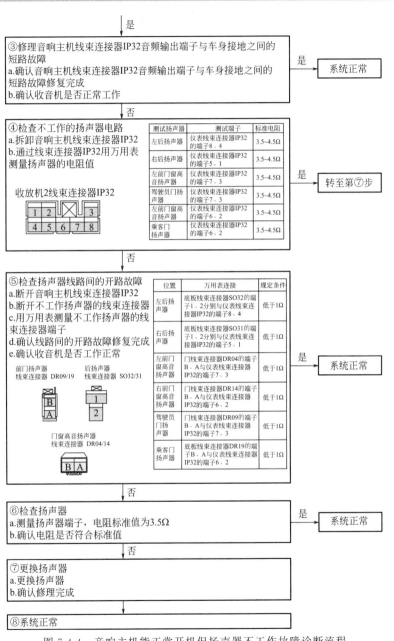

图 7-4-4 音响主机能正常开机但扬声器不工作故障诊断流程

第 8 章 空调系统

8.1 空调系统基本原理

8.1.1 物体的三种状态

许多物质具有三种聚集状态。例如水的三种状态分别为固态、液态、气态。在冰（固态）转换成水的过程中，其吸收了热量（图 8-1-1 和图 8-1-2）。如果对水继续进行加热，那么水会沸腾并蒸发，于是水就成为气态了（图 8-1-3）。气态物质可以通过冷却再转化成液态，再进一步冷却就可以转化成固态。这个原理对几乎所有物质都适用。

图 8-1-1 冰（固态）

图 8-1-2 冰吸热变成水

物质在从液态转化成气态时要吸收热量。物质在从气态转化成液态时要放出热量。热量总是从较热的物质向较冷的物质流动。物

图 8-1-3 水吸热蒸发为气态

质在某一临界点发生状态变化的热交换效应被应用到空调技术上。

8.1.2 空调系统制冷原理

制冷剂在封闭的管路中循环流动（图 8-1-4），并不断地在液态和气态之间来回转换。

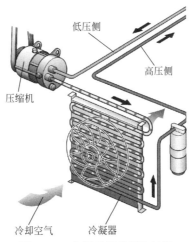

图 8-1-4 空调系统的制冷过程

低温、低压的气态制冷剂在压缩机内被压缩，温度升高。这样的制冷剂被压入到循环管路中（高压侧）。在这个阶段，制冷剂是气态的，并处于高温、高压下。

制冷剂经过很短的路程进入到冷凝器（液化器）内。冷凝器内已被压缩且变热的气体被流过的空气（迎风空气和风扇空气）

带走了热量。在达到由压力决定的露点时，制冷剂气体就开始冷凝，变成了液体。在这个阶段，制冷剂是液态的，压力高、温度中等。

液态的压缩后的制冷剂继续流到一个狭窄点处。这个狭窄点可能是一个节流阀或者是个膨胀阀。制冷剂在这里被喷入到蒸发器内。

在蒸发器中，喷入的液态制冷剂减压并蒸发（汽化）。所需要的汽化热从流经蒸发器薄片的热新鲜空气中获取，于是空气就凉了下来（图8-1-5）。在这个阶段，制冷剂是气态的，压力低且温度低。

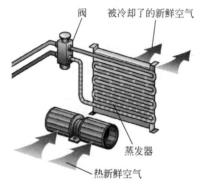

图 8-1-5　在蒸发器中，喷入的液态制冷剂减压并蒸发（汽化）

低温、低压的气态制冷剂从蒸发器中流出，它被压缩机再次抽取，重新在环路中运动。

8.2　空调系统基本组成和工作过程

8.2.1　空调系统基本组成

（1）压缩机

空调压缩机是由发动机曲轴通过皮带带动压缩机离合器带轮进行驱动的。当电磁离合器线圈不通电时，压缩机带轮自由旋转，不驱动压缩机轴，当离合器线圈加上电压通电后，离合器片和毂被推向带轮，磁力将离合器片和带轮锁为一体以驱动压缩机轴。该压缩机有独特的润滑系统。曲轴箱-吸液口泄放经旋转着的斜盘。这种路径允许润滑斜盘轴承。旋转作用产生机油分离作用的效果。一些机油被从曲轴箱-吸液口泄放液中分离出来，重新流回曲轴箱。回流的机油可以润滑压缩机机械机构。

（2）冷凝器、储液干燥器

从空调压缩机出来的高压高温制冷剂蒸气流入冷凝器，冷凝器由允许高压高温制冷剂蒸气进行快速热传递的铝管和冷却翅片制成，冷却翅片通过散热把高压高温制冷剂蒸气凝结成高压中温液体，储液干燥器位于冷凝器的左侧，与冷凝器焊接成一体。储液干燥器内部结构设计可以保证高压中温的气液混合制冷剂进入，而从储液干燥器出来的是高压中温的液态制冷剂。储液干燥器内部有吸附制冷系统水分的干燥剂，干燥剂不能重复使用。

（3）室内温度传感器、室外温度传感器

室内温度传感器和室外温度传感器影响车内空气温度的自动控制，这些传感器都是对温度敏感的热敏元件，传感器的电阻和温度成反比对应关系，电阻值确定了传给空调控制模块信号的级别。

（4）阳光传感器

阳光传感器位于仪表板上部装饰衬垫中间。阳光传感器属于光照能量传感器，该传感器可测量阳光照射到车辆所产生的热量，为空调控制模块提供更多的补偿参数。空调控制模块根据车外光照强度的状态和车内空调工况需求，实时自动调整空调风量和冷、热风混合比例，让所有乘员均能获得最舒适的感觉。

（5）室内空调主机

室内空调主机位于仪表台内，由鼓风机电机、鼓风机电机控制模块、空调滤清器、加热器芯、蒸发器、膨胀阀、冷暖温度风向控制电机以及各种空气偏转风门、通风风道构成。

每当发动机运转时，发动机冷却液就从发动机被泵入加热器芯体，加热器芯体将来自发动机冷却液的热量传输给流经加热器芯体的空气，加热器芯体有特有的进口和出口暖风水管。拆卸时，加热器芯体暖风水管必须完全泄放。维修时，配备独立暖风水管的加热器芯体必须是已经安装好的。加热器芯体上装有温度传感器，此传感器将加热器芯体的表面温度信号传递给空调控制模块，为自动空调控制提供更多的补偿参数。

蒸发器位于空调主机的右手侧。空调主机安装在车上时，需要对其进行拆卸，才能拆卸和安装蒸发器与膨胀阀。拆卸时，蒸发器的制冷剂管路必须完全泄放。维修时，配备独立制冷剂管路的蒸发器必须是已经安装好的。膨胀阀与蒸发器相连，安装于蒸发器的一端，位于蒸发器进口，膨胀阀的一侧连接着空调压缩机的进、排气管，另一侧连接着蒸发器的进、排气管，在液体管路内对高压液体制冷剂形成限制，使制冷剂流向蒸发器时成为低压液体。蒸发器内产生下列过程：低压低温液体/蒸气制冷剂进入蒸发器，制冷剂流经蒸发管，制冷剂蒸发，制冷剂蒸发时从经过蒸发器的气流中吸收热量。制冷剂以低压低温状态进入蒸发器，以蒸气状态离开蒸发器。当空气中的热量传给蒸发器芯时，空气中的水分会凝结在蒸发器芯的外表面上形成水流出。蒸发器上配备有温度传感器以防止其结冰。该传感器对蒸发器上散热片的表面温度进行测量，若其温度低于大约2℃，则压缩机离合器就不会继续工作。若该温度增加至4℃以上，压缩机便重新开始工作。在配备自动温度控制的系统中，传感器信号首先会传输至空调模块，再通过专线传输至空调压力开关，如果空调压力满足要求，则将相应的空调开启信号传递给ECM，由ECM对压缩机离合器的闭合进行控制。

(6) 制冷剂 R-134a 与润滑油

制冷剂在空调系统中有如下作用：吸收热量、携带热量、释放热量。车辆使用 R-134a 制冷剂，制冷剂 R-134a 为无毒、阻燃、透明、无色的液化气体。在进行需要打开制冷系统管路或部件的维修作业前，应参阅制冷剂管路和管接头的处置以及保持化学品稳定性的说明。R-134a 系统加注专用润滑油 100PG 合成制冷剂润滑油，此制冷剂润滑油易吸水，需要在密闭容器中进行储存。

(7) 空调高压管、空调低压管、空调压力开关

车辆采用空调高压管与低压管（空调硬管和/或软管）将空调制冷系统连接成一个密闭的系统，制冷剂与润滑油在这个密闭系统里流动，完成制冷剂的工作循环过程。空调硬管由铝管和相应接头组成，空调软管由橡胶软管和相应的接头组成。空调压力开关属于三态压力开关，传送空调压力信号。

8.2.2 空调系统工作过程

(1) 制冷系统工作过程（图 8-2-1）

压缩机由发动机通过皮带驱动，从蒸发器中抽取气态制冷剂并将其压缩。制冷剂的温度升高至 83～110℃ 范围之间，压力达到 1500kPa，高压过热制冷剂被传送至冷凝器中。此时，制冷剂内的热量便被输送至散热片的空气带走了，因为此热量的散失，制冷剂便被冷却，并留在冷凝器中。接着，温度降至 53～70℃ 的制冷剂在高压下被送至制冷剂储液干燥器中。储液干燥器作为储存中介，滤清所有夹杂和制冷剂中的水分。干燥的过冷制冷剂被输送到膨胀阀入口处，膨胀阀对进入蒸发器中的制冷剂进行节流减压控制，从膨胀阀出来的雾状制冷剂压力为 200kPa，温度降到 0～2℃，雾状制冷剂在蒸发器中受热蒸发。最后，空气中的热量在其进入车室时就被蒸发器中的制冷剂吸收，因此空气被冷却下来，而空气中夹杂的水分则凝结在蒸发器芯表面。来自蒸发器的低压制冷剂气流流至膨胀阀上开口处，此时的制冷剂压力为 200kPa，温度升高到 5～8℃，而压缩机便在此处抽取过热的制冷剂蒸气。

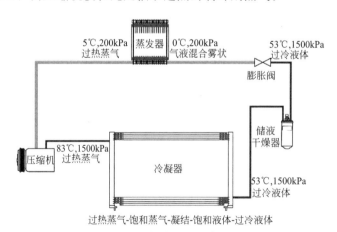

图 8-2-1 制冷系统工作过程

(2) 制热系统工作过程

当自动空调系统处于加热模式时，冷暖温度控制电机将温度控制装置转至采暖位置,部分或全部气流旁通至加热器芯,在进入车室前,获得混合好的温度合适的空气(图8-2-2)。发动机冷却液状态是暖风系统是否正常工作的关键因素。

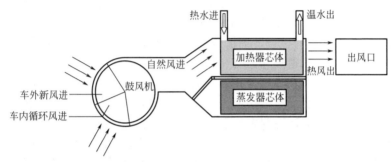

图8-2-2 制热系统工作过程

(3)通风控制系统工作过程

气流由风道系统和出风口将空气输送到车室中(图8-2-3)。在"AUTO(自动)"模式中会自动选择相应的模式状态,使用"MODE(模式)"按钮可更改车辆的送风模式。如果当前显示一个送风模式,则按"MODE(模式)"按钮可选择下一送风模式。

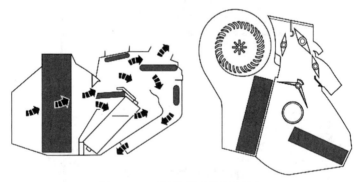

图8-2-3 通风控制系统送风流向

8.2.3 空调部件位置图和空调控制模块简图

空调部件位置如图8-2-4所示。空调控制模块简图如图8-2-5

所示。

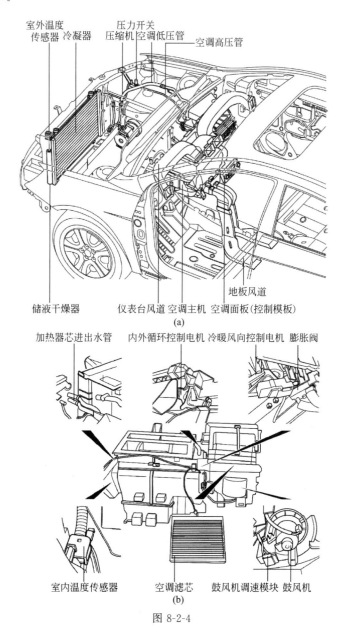

图 8-2-4

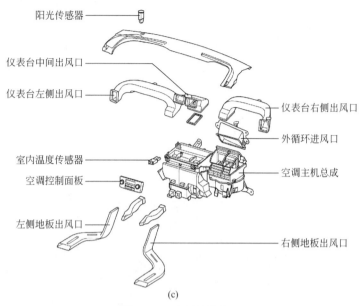

图 8-2-4 空调部件位置

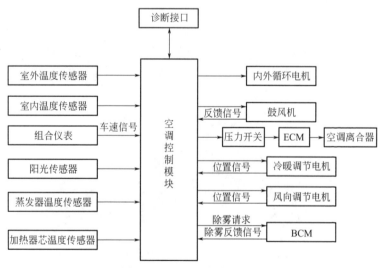

图 8-2-5 空调控制模块简图

8.3 空调维修

8.3.1 空调系统空气滤清器的更换

① 拆卸仪表台杂物箱和右下饰板（图8-3-1）。
② 抽出空气滤清器安装壳（图8-3-2）。
③ 拆卸空气滤清器（图8-3-3）。
④ 安装空气滤清器，安装空气滤清器安装壳，安装仪表台右下饰板和杂物箱（图8-3-4）。

空调系统

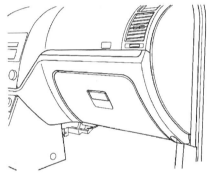

图8-3-1 拆卸仪表台杂物箱和右下饰板

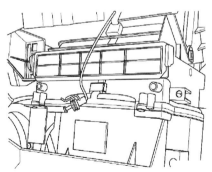

图8-3-2 抽出空气滤清器安装壳

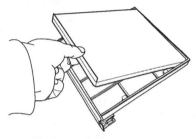
图8-3-3 拆卸空气滤清器

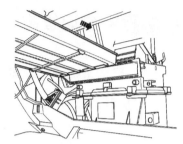
图8-3-4 安装滤清器、仪表台右下饰板和杂物箱

8.3.2 空调控制面板的更换

① 断开蓄电池负极电缆,拆卸多功能仪表和中央出风口面板(空调控制模块固定在中央出风口面板上)(图8-3-5)。

② 断开中央出风口面板后部的空调控制模块线束连接器(图8-3-6)。

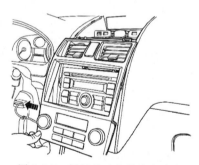
图8-3-5 拆卸多功能仪表和中央出风口面板

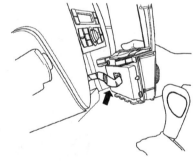
图8-3-6 断开中央出风口面板后部的空调控制模块线束连接器

③ 拆卸中央出风口面板上空调控制模块固定螺钉(图8-3-7),取下空调控制模块。

④ 安装按相反顺序进行。

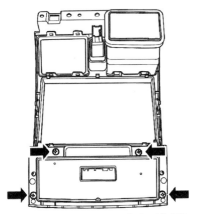

图 8-3-7 拆卸空调控制模块固定螺钉

8.3.3 冷凝器的更换

① 操作空调制冷剂的回收程序，拆卸水箱上饰板（图 8-3-8）。拆卸冷凝器上部空调管硬管接头①。拆卸冷凝器顶部 2 个固定螺栓②。拆卸冷凝器前部竖挡板上部 2 个固定螺栓③。

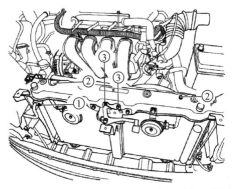

图 8-3-8 操作空调制冷剂的回收程序，拆卸水箱上饰板

② 举升车辆。拆卸发动机下护板，拆卸冷凝器前部竖挡板下部 2 个固定螺栓（图 8-3-9），取出竖挡板①。拆卸冷凝器下部空调管硬管接头②。移出冷凝器，从车辆底部取出冷凝器。

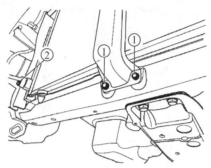

图8-3-9 拆卸冷凝器前部竖挡板下部固定螺栓

③ 从车辆底部将冷凝器装入冷凝器安装座上。安装冷凝器前部竖挡板，拧紧下部固定螺栓，力矩为10～12N·m（7.4～8.9lbf·ft）（图8-3-10）。

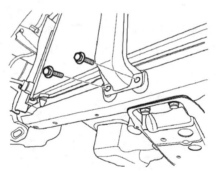

8-3-10 安装冷凝器前部竖挡板，拧上下部固定螺栓

④ 放下车辆。安装冷凝器顶部2个固定螺栓①，力矩为11N·m（8.1lbf·ft）。安装冷凝器上部空调管硬管接头②，力矩为10N·m（7.4lbf·ft）。安装冷凝器前部竖挡板上部固定螺栓③，力矩为12N·m（8.9lbf·ft）（图8-3-11）。

⑤ 举升车辆，安装冷凝器下部空调管硬管接头①（图8-3-11），力矩为10N·m（7.4lbf·ft）。紧固冷凝器前部竖挡板下部固定螺栓②（图8-3-11），力矩为12N·m（8.9lbf·ft）。安装发动机下护板。放下车辆，安装水箱上饰板。操作空调制冷剂的加注程序如图8-3-12所示。

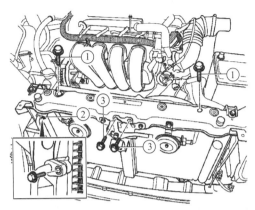

图 8-3-11　安装冷凝器顶部和前部竖挡板上部固定螺栓

图 8-3-12　空调制冷剂的加注

8.3.4　空调压缩机的更换

① 操作空调制冷剂的回收程序，断开蓄电池负极电缆，拆卸驱动皮带，拆卸压缩机上高、低压空调管接头（图 8-3-13）。

② 断开压缩机线束连接器①。拆卸压缩机 3 个固定螺杆②，取下压缩机（图 8-3-14）。

③ 安装压缩机固定螺杆①，力矩为 28N·m（20.7lbf·ft）（图 8-3-15）。连接压缩机线束连接器②。

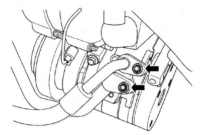

图 8-3-13 拆卸压缩机上高、低压空调管接头

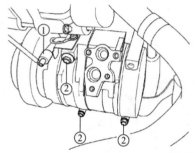 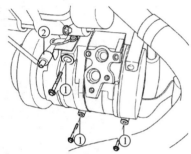

图 8-3-14 拆卸压缩机 3 个固定螺杆　　图 8-3-15 安装压缩机固定螺杆

④ 安装压缩机上高、低压空调管接头,力矩为 11N·m (8.1lbf·ft)(图 8-3-16)。安装驱动皮带。连接蓄电池负极电缆。操作空调制冷剂的加注程序。

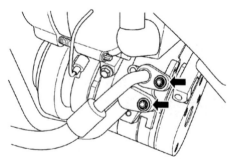

图 8-3-16 安装压缩机上高、低压空调管接头

8.3.5 空调机总成的更换

① 操作空调制冷剂的回收程序，排放发动机冷却液，拆卸蒸发器侧高、低压管接头螺母（图 8-3-17）。

② 拆卸加热器芯体侧进、出暖风水管卡箍（图 8-3-18），退出进、出暖风水管。

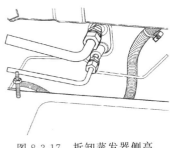

图 8-3-17 拆卸蒸发器侧高、低压管接头螺母

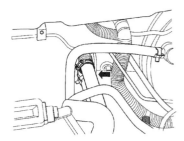

图 8-3-18 拆卸加热器芯体侧进、出暖风水管卡箍

③ 拆卸仪表台，拆卸仪表台横梁，断开空调主机上线束连接器（图 8-3-19）。

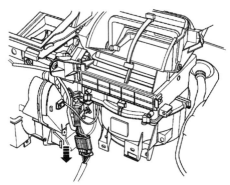

图 8-3-19 断开空调主机上线束连接器

④ 拆卸下部左右两侧空调通风管（图 8-3-20）。
⑤ 拆卸空调主机总成上部出风口（图 8-3-21）。
⑥ 拆卸空调主机总成 6 个固定螺母（图 8-3-22）。

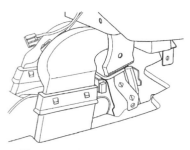

图 8-3-20 拆卸下部左右两侧空调通风管

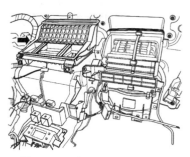

图 8-3-21 拆卸空调主机总成上部出风口

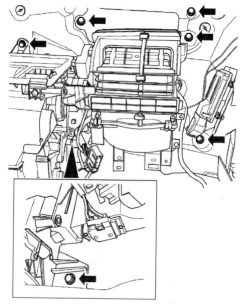

图 8-3-22 拆卸空调主机总成 6 个固定螺母

⑦ 拆卸空调蒸发器侧硬管接头橡胶套（图 8-3-23）。拆卸空调主机总成。

⑧ 安装空调主机总成，安装空调主机总成固定螺母和螺栓，力矩为螺母 10N·m（7.4lbf·ft）、螺栓 6N·m（4.4lbf·ft）（图 8-3-24）。

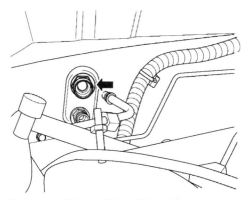

图 8-3-23 拆卸空调蒸发器侧硬管接头橡胶套

图 8-3-24 安装空调主机总成，安装空调主机总成固定螺母和螺栓

⑨ 安装空调蒸发器侧硬管接头橡胶套。安装空调主机总成上部出风口（图 8-3-25）。

⑩ 安装下部左右两侧空调通风管（图 8-3-26）。

⑪ 连接空调主机上线束连接器（图 8-3-27）。安装仪表台横梁。

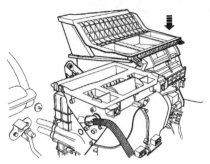

图 8-3-25 安装空调主机总成上部出风口

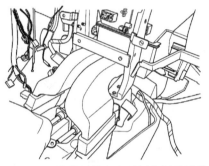

图 8-3-26 安装下部左右两侧空调通风管

安装仪表台。安装进、出暖风水管，紧固进、出暖风水管卡箍。安装蒸发器侧高、低压管接头，并紧固螺母，力矩为 8～10N·m（5.9～7.4lbf·ft）。加注发动机冷却液。操作空调制冷剂的加注程序。

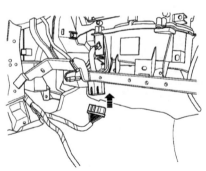

图 8-3-27 连接空调主机上线束连接器

8.3.6 自动空调系统室外温度传感器的更换

① 断开蓄电池负极电缆，拆卸发动机下护板，断开室外温度传感器线束连接器①，拆卸室外温度传感器②（图 8-3-28）。

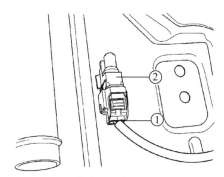

图 8-3-28 断开室外温度传感器线束连接器，拆卸室外温度传感器

② 安装室外温度传感器①，连接室外温度传感器线束连接器②（图 8-3-29），安装发动机下护板，连接蓄电池负极电缆。

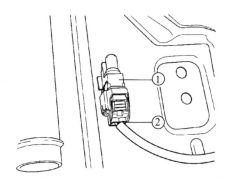

图 8-3-29 安装室外温度传感器，连接室外温度传感器线束连接器

8.3.7 自动空调系统室内温度传感器的更换

① 断开蓄电池负极电缆，拆卸仪表台右下侧饰板，断开室内温度传感器线束连接器①，断开空气波纹管连接②（图 8-3-30）。

② 拆卸室内温度传感器（图 8-3-31）。

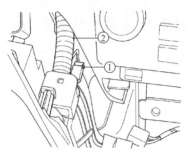

图 8-3-30　断开室内温度传感器线束连接器，断开空气波纹管连接

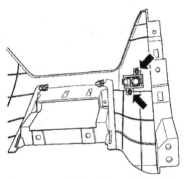

图 8-3-31　拆卸室内温度传感器

③ 安装室内温度传感器①，连接空气波纹管连接②，连接室内温度传感器线束连接器③（图 8-3-32），安装仪表台右下侧饰板，连接蓄电池负极电缆。

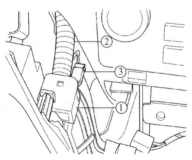

图 8-3-32　安装室内温度传感器，连接空气波纹管连接，连接室内温度传感器线束连接器

8.4 故障排除

8.4.1 制冷不足故障诊断排除

制冷不足故障诊断排除如表8-4-1所示。

表8-4-1 制冷不足故障诊断排除

症状	怀疑故障部位	维修方案
发动机水温过高	①发动机怠速运行时间过长 ②发动机长时间、大负荷运转 ③冷却液不足 ④冷却液性能不符合要求 ⑤节温器故障 ⑥发动机工作不良 ⑦冷却风扇运行异常 ⑧冷却风扇不工作 ⑨水箱散热不良 ⑩冷却风扇聚风罩损坏	①减少发动机怠速运行时间 ②减少发动机大负荷运转时间 ③检修冷却液泄漏情况，添加冷却液量至标准值 ④更换符合厂家要求的冷却液 ⑤更换节温器 ⑥检修发动机冷却系统 ⑦检修发动机工作状况 ⑧检修冷却风扇电机及其线路，必要时更换 ⑨清洁冷却水箱 ⑩检修冷却水箱，必要时更换 ⑪检修冷却风扇聚风罩，必要时更换
冷凝器温度过高	①冷凝器散热不良 ②发动机水温过高	①清洁冷凝器 ②检修冷凝器，必要时更换 ③按本表"发动机水温过高"症状进行维修

续表

症状	怀疑故障部位	维修方案
压缩机运转异常	①压缩机皮带打滑 ②压缩机离合器打滑 ③压缩机异响 ④压缩机频繁启动 ⑤压缩机不工作	①调整压缩机皮带,必要时更换 ②检修压缩机离合器,必要时更换 ③检查制冷剂、润滑油量 ④检修压缩机离合器线路 ⑤检修压缩机,必要时更换 ⑥检修空调压力开关,必要时更换 ⑦检修空调控制模块,必要时更换 ⑧检修发动机控制模块,必要时更换
仪表台出风口出风量过小	①仪表台出风口堵塞 ②仪表台出风口风道漏风 ③风向控制机构异常 ④风向控制电机异常 ⑤鼓风机转速低 ⑥鼓风机调速模块异常 ⑦空调管路结冰 ⑧空调控制模块异常	①清理仪表台出风口,必要时更换 ②检修仪表台出风口风道,必要时更换 ③检修风向控制机构 ④检修风向控制电机 ⑤检修线路 ⑥检修鼓风机电机,必要时更换 ⑦更换鼓风机调速模块 ⑧更换符合厂家标准的制冷剂 ⑨更换膨胀阀 ⑩检修空调控制模块线路,必要时更换控制模块
仪表台出风口出风温度过高	①被切换到外循环 ②环境温度过高 ③外循环风门卡滞关闭不严 ④内外循环电机故障 ⑤温度控制机构异常 ⑥温度控制电机异常 ⑦光照传感器异常 ⑧空调控制模块异常	①切换到内循环 ②车辆移到阴凉的地方 ③调整外循环风门机构,必要时更换内外循环风门机械机构 ④更换内外循环调节电机 ⑤检修温度控制电机,必要时更换 ⑥检修光照传感器,必要时更换 ⑦检修空调控制模块线路,必要时更换控制模块

续表

症状		怀疑故障部位	维修方案
空调高压压力偏高	低压偏高	①制冷系统中有空气 ②制冷剂加注过多 ③制冷剂润滑油加注过多 ④膨胀阀开度过大	①检修制冷系统管路的密闭性,重新加注制冷剂 ②排放过多的制冷剂 ③排放过多的制冷剂润滑油 ④更换膨胀阀
	低压偏低	①膨胀阀之前的高压管堵塞 ②膨胀阀堵塞 ③膨胀阀开度过小	①清洗或更换堵塞的高压管 ②更换膨胀阀
空调高压压力偏低	低压偏高	①压缩机缺油 ②压缩机损坏	①补充压缩机制冷剂润滑油 ②更换压缩机
	低压偏低	①制冷剂加注量不足 ②制冷剂泄漏	①按厂家规定的标准加注空调制冷剂 ②检查空调系统泄漏状况,更换泄漏的空调系统元件
低压真空		①膨胀阀严重脏堵 ②膨胀阀冰堵 ③蒸发器温度传感器故障 ④低压管路泄漏	①更换膨胀阀 ②延长系统抽真空时间,加注符合厂家规定的空调制冷剂 ③更换储液干燥器 ④更换蒸发器温度传感器 ⑤清洗或更换堵塞的低压管

8.4.2 制热不足故障诊断排除

制热不足故障诊断排除如表 8-4-2 所示。

表 8-4-2 制热不足故障诊断排除

症状	怀疑故障部位	维修方案
发动机水温未达到 82℃	①发动机运行时间不足 ②冷却系统中有空气 ③节温器故障 ④发动机工作不良	①延长发动机运行时间 ②排空冷却系统的空气 ③更换节温器 ④检修发动机工况

续表

症状	怀疑故障部位	维修方案
冷暖风门漏风	①冷暖风门机构机械故障 ②冷暖风门电机故障 ③出风风道漏风 ④空调控制模块故障	①调整冷暖风门机构 ②更换冷暖风门机械机构 ③更换冷暖调节电机 ④修复漏风风道 ⑤更换漏风风道 ⑥更换空调控制模块
内外循环风门漏风	①被切换到外循环 ②外循环风门卡滞关闭不严 ③内外循环电机故障 ④空调控制模块故障	①切换到内循环 ②调整外循环风门机构 ③更换内外循环风门机械机构 ④更换内外循环调节电机 ⑤更换空调控制模块

第 9 章 数据通信系统

9.1 基本原理

9.1.1 总线说明

(1) CAN 总线说明

CAN 是 Controller Area Network 的缩写,全称是控制器局域网络总线,即控制设备相互连接,进行数据交换。CAN 总线的通信介质是双绞线,其中高速 CAN 总线的通信速率为 500Kbps。双绞线终端为 2 个 120Ω 的电阻,一端在发动机控制模块(ECM)内,另一端在车身控制模块(BCM)内。高速 CAN 总线是差分总线。高速 CAN 总线串行数据总线 H 和高速 CAN 总线串行数据总线 L 从静止或闲置电平驱动到相反的极限。大约为 2.5V 的闲置电平被认为是隐性传输数据并解释为逻辑 1。将线路驱动至极限时,高速 CAN 总线串行数据总线(H)将升高 1V 而高速 CAN 总线串行数据总线(L)将降低 1V。极限电压差 2V 被认为是显性传输数据并解释为逻辑 0(图 9-1-1)。

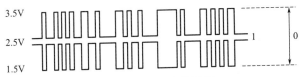

图 9-1-1 CAN 总线说明

如果通信信号丢失，程序将针对各控制模块设置失去通信故障诊断码。该故障诊断码可被故障诊断仪读取。

CAN总线的优点：减少了传感器和信号导线的数量；减少了线束中导线的数量；极大地降低了导线线束的重量；控制装置的插头芯针数量更少；提高了可靠性和耐用性。

(2) LIN总线说明

LIN总线是用于汽车分布式电控系统的一种新型低成本串行通信系统，主要用于智能传感器和执行器的串行通信。

(3) 总线说明

K总线用于外部测试设备和车载ECU之间的诊断通信。传输速率为10.47Kbps。传输信号时其电压在0V和12V之间切换：12V，逻辑1；0V，逻辑0。

9.1.2 故障诊断接口说明

故障诊断接口（DLC）是世界各汽车生产商之间协商和调节的结果。用故障诊断仪与车辆通信以及用故障诊断仪给车辆所用的通信系统编程时必须用该连接器。

该连接器必须具备以下条件：可连接所有故障诊断仪的16针连接器；始终通过第16号针为故障诊断仪提供蓄电池电源；始终通过第4号针为故障诊断仪提供接地点；剩下的各针用于与车辆系统的串行数据通信。车辆中由微处理器控制的模块通过串行数据电路进行相互之间以及与故障诊断仪之间的通信。

9.1.3 总线应用

(1) CAN总线应用

ABS、ACU、BCM、ECM和IP Cluster五个模块并行连接在CAN总线上，形成一个CAN总线网络架构，终端电阻设置在BCM和ECM内，如图9-1-2所示。

(2) LIN总线应用

在配备有电动车窗防夹功能的车辆上设置有LIN总线，连接BCM与4个门窗升降器，用以实现电动车窗的遥控上升和防夹功能。

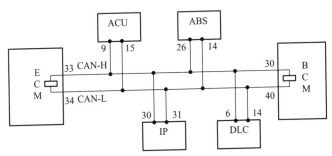

图 9-1-2 CAN 总线模块

(3) K 总线应用

在车上使用 K 总线可以对 ECM、ABS、TPMS、IMMO 和 HVAC 进行故障诊断。

9.1.4 数据通信原理图

数据通信原理图如图 9-1-3 所示。

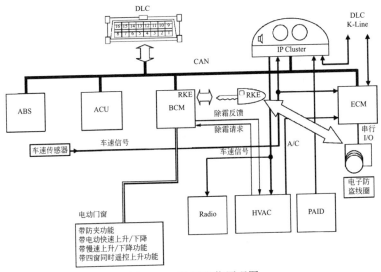

图 9-1-3 数据通信原理图

9.2 部件位置

部件位置如图 9-2-1 所示。

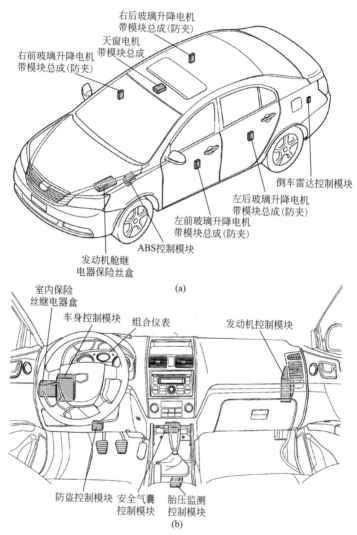

图 9-2-1　部件位置

9.3 常见故障诊断

9.3.1 目视检查

① 检查可能影响数据通信系统工作的售后加装装置。

② 检查易于接触或能够看到的系统部件,以查明其是否有明显损坏或存在可能导致故障的情况。

③ 若数据通信系统有故障,则在进行修理之前应检查连接在数据通信系统上的各个控制模块线束连接器是否都已正确地连接好。

9.3.2 CAN 总线故障预防

① 不要拉伸 CAN 总线线束。

② 不要将 CAN 总线线束拆开超过 4cm。

③ 不要将 CAN 总线线束与其他导线连接。

④ 使用厂家推荐的故障诊断仪进行诊断。

9.3.3 CAN 总线完整性诊断

为了检查 CAN 总线是否正常,可以执行 CAN 总线完整性诊断,以确认故障是否由于 CAN 总线物理线路断路造成。

① 关闭点火开关,使用万用表测量故障诊断接口电阻(图 9-3-1)。

图 9-3-1 测量故障诊断接口电阻

② 若万用表显示阻值约为 120Ω 或不导通，则表明 CAN 总线是不完整的（图 9-3-2）。依次检查 ECM 和 BCM 的线束连接器，确认 CAN 总线的连接正常，如有断路或连接不良等情况应进行修理。

图 9-3-2　阻值约为 120Ω 或不导通时表明 CAN 总线是不完整的

③ 若万用表显示阻值约为 60Ω，则说明从 BCM 连接至 ECM 之间的 CAN 总线是完整的（图 9-3-3）。

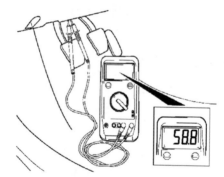

图 9-3-3　阻值约为 60Ω 说明从 BCM 连接至 ECM 之间的 CAN 总线是完整的

9.3.4　CAN 总线线束修理规范

① CAN_H 与 CAN_L 两线必须采用绞接方式。

② CAN 总线发生断路故障时，导线连接部位长度不能超过 L_1，如图 9-3-4 所示。

③ 如果断路部位有两处以上时,两处断路点必须满足距离在 L_2 以上时才允许修理,如图 9-3-4 所示,否则更换 CAN 总线导线。

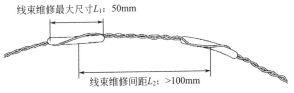

图 9-3-4　CAN 总线发生断路故障导线长度的要求

9.3.5　CAN 总线信号诊断

使用示波器双通道输入可以对 CAN 总线上传递的信号进行监测,信号应有如下特性:CAN_H 线上的电压信号为 2.5～3.5V,CAN_L 线上的电压信号为 1.5～2.5V;两信号互为镜像;信号传递随点火开关打开而开始,但点火开关关闭 2s 后信号传递才结束。